westermann

Dr. Andrea Jessen

Prüfungswissen kompakt

Medizinische Fachangestellte

5. Auflage

Bestellnummer 27509

Zusatzmaterialien zu Prüfungsvorbereitung Prüfungswissen KOMPAKT– Medizinische Fachangestellte

Für Lehrerinnen und Lehrer:

BiBox westermann inkl. E-Book

BiBox Einzellizenz für Lehrer/-innen (Dauerlizenz): 978-3-427-27901-3
BiBox Kollegiumslizenz für Lehrer/-innen (Dauerlizenz): 978-3-427-27907-5
BiBox Kollegiumslizenz für Lehrer/-innen (1 Schuljahr): 978-3-427-83533-2

Für Schülerinnen und Schüler:

BiBox westermann inkl. E-Book

BiBox Einzellizenz für Schüler/-innen (1 Schuljahr): 978-3-427-27913-6
BiBox Klassensatz PrintPlus (1 Schuljahr): 978-3-427-81608-9

westermann GRUPPE

Druck und Bindung: Westermann Druck GmbH,
Georg-Westermann-Allee 66, 38104 Braunschweig

ISBN 978-3-427-**27509**-1

Vorwort

Liebe angehende MFA,

das vorliegende Buch soll Ihnen helfen, Ihr gesammeltes Wissen für die Prüfung **kurz und knapp** zu wiederholen und **wichtige Prüfungsstichwörter wieder ins Gedächtnis zu rufen.**

Es soll klein und handlich sein, quasi in die „Hosentasche" passen, und schnell, überall und ohne Umschweife auf die Prüfung vorbereiten. Dadurch wird es zu einer Lernkartei im Buchformat, in der die Kernaussagen der Prüfungsthemen zusammengefasst sind.

Für intensives Erarbeiten von Prüfungsinhalten, Üben von Prüfungsfragen und Selbst-Check Ihres Wissens empfiehlt sich das ausführlichere „Prüfungswissen Medizinische Fachangestellte" (ISBN 978-3-427-01395-2).

Aufbau des Buches

- **Abschnitte A–H** geben die Prüfungsbereiche wieder. Zu Beginn jedes Abschnitts zeigen Mindmaps die Gliederung und wichtige Schlagwörter des jeweiligen Abschnitts. Die wichtigsten Lerninhalte folgen dann in den einzelnen Unterkapiteln.
- **Sachwortverzeichnis** zum Nachschlagen von bestimmten Stichwörtern,

Die Inhalte des Buches sind für die Neuauflage überarbeitet und aktualisiert worden (Herbst 2022). Doch trotz aller Sorgfalt gibt es immer wieder Informationen, die in einer Printausgabe schnell veralten können. Insbesondere Abrechnungshinweise, medizinische Leitlinien und politische Strömungen sind Neuerungen und Änderungen unterlegen. Bitte informieren Sie sich deshalb vor Ihrer Prüfung, z. B. zu aktuellen Abrechnungshinweisen bei Ihrer KV, zur Politik über die Homepage der Bundesregierung oder politischer Organisationen.

Viel Glück und gutes Gelingen,

Andrea Jessen, Oktober 2022

Inhaltsverzeichnis

A Behandlungsassistenz ... **13**

1 Grundlagen ... **14**
1.1 Zelllehre (Zytologie) ... 14
1.2 Gewebelehre (Histologie) ... 15
1.3 Allgemeine Krankheitslehre ... 16
1.3.1 Grundprinzipien von Krankheiten ... 16
1.3.2 Diagnostik: Ganzkörperstatus ... 17

2 Bewegungsapparat ... **17**
2.1 Aufbau ... 17
2.2 Gelenke ... 18
2.3 Erkrankungen ... 19
2.4 Diagnostik: Röntgen, MRT und PET ... 20
2.5 Therapie: Physikalische Anwendungen ... 20

3 Wundversorgung ... **21**
3.1 Primärheilende Wunden ... 21
3.2 Sekundärheilende Wunden ... 22
3.3 Anästhesie ... 23
3.4 Abrechnungshinweise ... 23
3.4.1 EBM ... 23
3.4.2 GOÄ ... 23
3.4.3 UV-GOÄ ... 24
3.5 Verbandlehre ... 24
3.6 Instrumente ... 24

4 Nervensystem (NS) ... **26**
4.1 Zentrales Nervensystem (ZNS) ... 26
4.1.1 Gehirn ... 26
4.1.2 Rückenmark ... 27
4.1.3 Hirnnerven ... 27
4.2 Vegetatives Nervensystem ... 28
4.3 Diagnostik ... 28
4.4 Erkrankungen ... 28

4.5 Sinnesorgane ... 29
4.5.1 Ohr (Hören und Gleichgewicht) ... 29
4.5.2 Nase (Riechen) ... 29
4.5.3 Auge (Sehen) ... 30
4.5.4 Haut (Tasten, Fühlen) ... 31
4.5.5 Zunge (Schmecken) ... 31

5 Hormone ... 32

6 Blut ... 33
6.1 Bau und Funktion ... 33
6.1.1 Rote Blutkörperchen (Erythrozyten) ... 34
6.1.2 Weiße Blutkörperchen (Leukozyten) ... 34
6.1.3 Blutplättchen (Thrombozyten) ... 34
6.2 Diagnostik Hämatologie ... 34
6.2.1 Kleines Blutbild ... 34
6.2.2 Großes oder Differenzialblutbild ... 35
6.2.3 BSG-Bestimmung nach Westergren ... 36
6.3 Lymphsystem ... 36
6.3.1 Immunabwehr ... 36
6.3.2 HIV und AIDS ... 36

7 Herz-Kreislauf-System ... 37
7.1 Bau und Funktion ... 37
7.1.1 Aufbau ... 37
7.1.2 Blutfluss durch das Herz ... 38
7.1.3 Reizleitung ... 39
7.2 Diagnostik ... 39
7.2.1 Pulsmessung ... 39
7.2.2 Blutdruckmessung ... 39
7.2.3 Elektrokardiografie (EKG) ... 40
7.2.4 Weitere Diagnostik ... 42
7.3 Erkrankungen des Herzens und der Gefäße ... 42
7.3.1 Akutes Koronarsyndrom (ACS) ... 42
7.3.2 Arterielle Hypertonie ... 43
7.3.3 Arteriosklerose ... 43
7.3.4 Erkrankungen der Venen ... 43

8 Atmungssystem 43
8.1 Aufbau 44
8.2 Häufige Krankheiten 44
8.3 Asthmaanfall 44
8.4 Diagnostik 45

9 Verdauung und Stoffwechsel 46
9.1 Abschnitte des Verdauungstrakts 46
9.2 Leber (Hepar) 48
9.2.1 Hepatitis A, B, C 48
9.2.2 Leberzirrhose 50
9.3 Bauchspeicheldrüse (Pankreas) 50
9.4 Diagnostik 50
9.4.1 Stuhltest auf okkultes Blut 50
9.4.2 Endoskopie 51
9.4.3 Ultraschall (Sonografie) 51

10 Ernährung 52
10.1 Makronährstoffe 52
10.1.1 Eiweiße (Proteine) 52
10.1.2 Kohlenhydrate (Saccharide) 52
10.1.3 Fette (Lipide) 53
10.2 Mikronährstoffe 53
10.2.1 Mineralstoffe 53
10.2.2 Vitamine 54
10.3 Gesunde Ernährung 55
10.4 Diabetes mellitus 56
10.4.1 Beschreibung 56
10.4.2 Diagnose 56
10.4.3 DMP (Disease-Management-Programm) 56
10.4.4 Weitere Stoffwechselerkrankungen 57

11 Niere (Ren) und ableitende Harnwege 57
11.1 Bau und Funktion 57
11.2 Erkrankungen 59
11.2.1 Harnwegsinfekt („Blasenentzündung“) 59
11.2.2 Weitere Erkrankungen 59
11.2.3 Häufige Begriffe 60

11.3 Urindiagnostik ... 60
11.3.1 Probengewinnung ... 60
11.3.2 Urinstatus ... 60
11.3.3 Urinsediment ... 61
11.3.4 Weitere Urinuntersuchungen ... 63

12 Geschlechtsorgane und Fortpflanzung ... 63
12.1 Geschlechtsorgane des Mannes ... 63
12.1.1 Bau und Funktion ... 63
12.1.2 Erkrankungen ... 64
12.2 Geschlechtsorgane der Frau ... 65
12.2.1 Bau und Funktion ... 65
12.2.2 Brustkrebs (Mammakarzinom) ... 66
12.2.3 Zervixkarzinom ... 67
12.2.4 Gynäkologische Untersuchung ... 67
12.2.5 Hinweise zur Leistungsabrechnung ... 67
12.3 Schwangerschaft und Geburt ... 67
12.3.1 Der weibliche Zyklus ... 67
12.3.2 Schwangerschaftsverhütung ... 69
12.3.3 Schwangerschaft (Gravidität) ... 69
12.3.4 Geburt ... 70
12.3.5 Diagnostik in der Schwangerschaft ... 70
12.3.6 Abrechnungshinweise ... 71
12.4 Kindliche Entwicklung ... 71

13 Notfälle ... 72
13.1 Notfallausrüstung ... 72
13.2 Reanimation ... 73
13.3 Erstmaßnahmen bei Notfällen ... 73

14 Gesundheit und Prävention ... 75
14.1 Prävention ... 75
14.1.1 Früherkennungsuntersuchungen ... 75
14.1.2 IGeL-Angebote ... 76
14.1.3 Schutzimpfungen ... 76
14.2 Arbeitsschutz ... 78
14.3 Umweltschutz ... 78
14.4 Praxishygiene ... 79

14.4.1 Grundlagen und Dokumente 79
14.4.2 Desinfektionsmittel 79
14.4.3 Ansetzen von Desinfektionslösungen 80
14.4.4 Aufbereitung von Medizinprodukten 80
14.4.5 Händedesinfektion (HD) 81
14.5 Infektionskrankheiten nach IfSG 81
14.5.1 Bakterielle Infektionen 82
14.5.2 Virale Infektionen 82
14.5.3 Schutzmaßnahmen im Labor 83
14.5.4 Qualitätssicherung 83

B Laborkunde 84

1 Laborgeräte und -gegenstände 85
1.1 Zentrifuge 85
1.2 Mikroskop 85
1.3 Fotometer 86
1.4 Pipetten 86
1.5 Weitere Laborgegenstände 87

2 Untersuchungsmaterialien 87
2.1 Blutprobenentnahme 88
2.1.1 Venöse Blutentnahme 88
2.1.2 Kapillare Blutentnahme 88
2.2 Materialgewinnung und Verarbeitung 89
2.2.1 Serum 89
2.2.2 Plasma 90
2.3 Abrechnungshinweise 90
2.3.1 EBM 90
2.3.2 GOÄ 90

C Medikamentenlehre 91

1 Begriffe und Erläuterungen 92
2 Arzneimittelformen 92
3 First-pass-Effekt 93
4 Injektionen 93

D Gesundheitswesen 95

1 Aufbau Gesundheitswesen 96
1.1 Berufe im Gesundheitswesen 97
1.2 Standesvertretungen und Vereinigungen 97

2 Behandlungsvertrag 97
2.1 Schweigepflicht 98
2.2 Aufklärungspflicht 98

E Leistungsabrechnung 99

1 Kostenträger im Gesundheitswesen 100
1.1 Gesetzliche Krankenversicherungen (GKV) 100
1.1.1 Leistungen der GKVs 100
1.1.2 Häufige Begriffe 101
1.1.3 Einheitlicher Bewertungsmaßstab (EBM) 101
1.2 Gebührenordnung für Ärzte (GOÄ) 102
1.3 Sonstige Kostenträger 103
1.4 Privatliquidation (auch IgeL) 104

2 Formularwesen 104

F Arbeit und Beruf 108

1 Berufsleben 109
1.1 Besonderheiten Berufsausbildung 109
1.2 Pflichten von Arbeitnehmer und Arbeitgeber 110
1.3 Beendigung von Arbeitsverhältnissen 111
1.3.1 Kündigung 111
1.3.2 Kündigungsfrist 111
1.4 Berufliche Entwicklung 112
1.5 Betriebsrat 112

2 Entlohnung 113
2.1 Lohnformen 113
2.2 Gehaltsabgaben 113
2.2.1 Sozialversicherungen 113
2.2.2 Steuern 114

G Arbeitsplatz Praxis ... 115

1 Gesprächsführung ... 116
1.1 Telefon ... 116
1.2 Besondere Anforderungen ... 116
1.3 Umgang mit Konflikten ... 117
1.4 Teambesprechungen ... 118

2 Praxisorganisation ... 119
2.1 Räumliche Struktur ... 119
2.2 Terminplanung ... 120
2.2.1 Formen ... 120
2.2.2 Kriterien für Terminvergabe ... 120
2.2.3 Planungsdokumentation ... 121
2.3 Praxisabläufe optimieren ... 121
2.4 Qualitätsmanagement ... 122
2.4.1 Einführung ... 122
2.4.2 QM-Handbuch ... 122
2.4.3 Praxismarketing ... 123
2.5 Begriffe aus der Arbeitswelt ... 123

3 Informationsaustausch ... 124
3.1 Formen ... 124
3.2 Informationsbeschaffung ... 125
3.3 Postwesen ... 125
3.4 Dokumentation ... 126
3.4.1 Datenordnung ... 127
3.4.2 Aufbewahrungsfristen ... 127
3.5 IT in der Praxis ... 128
3.5.1 Hardware ... 128
3.5.2 Software ... 128
3.5.3 Datenfluss ... 128

4 Bestellwesen ... 129
4.1 Lagerhaltung ... 129
4.2 Angebot ... 129
4.3 Bestellung ... 130

4.4 Kaufvertrag ... 131
4.4.1 Grundlagen ... 131
4.4.2 Warenannahme ... 131
4.4.3 Mangel-Lieferung ... 131
4.4.4 Mängelrüge ... 131
4.4.5 Verzugsarten ... 132

5 Geldwesen ... 132
5.1 Zahlungsarten ... 132
5.2 Schulden ... 134
5.3 Sparen ... 134
5.4 Zinsen ... 135

H Gesetze und Politik ... 136

1 Deutsche Politik ... 137
1.1 Geschichtlicher Überblick ... 137
1.2 Bundesrepublik Deutschland ... 137
1.3 Institutionen ... 137
1.4 Gesetzgebung ... 139
1.5 Häufige Begriffe ... 139

2 Europapolitik ... 140
2.1 Geschichtlicher Überblick ... 140
2.2 EU-Binnenmarkt ... 141
2.3 Institutionen ... 141

3 Weltpolitik ... 141

4 Herausforderungen des 21. Jahrhunderts ... 142
4.1 Nationale Ebene ... 142
4.2 Internationale Ebene ... 142

Bildquellenverzeichnis ... 144

Sachwortverzeichnis ... 145

Abkürzungsverzeichnis

Kürzel	Bedeutung
↑	erhöht
↓	erniedrigt
A.	Arterie, Arteria
AMG	Arzneimittelgesetz
AU-Bescheinigung	Arbeitsunfähigkeitsbescheinigung
bes.	besonders
BG	Berufsgenossenschaft
BGB	Bürgerliches Gesetzbuch
BZ	Blutzucker
bzw.	beziehungsweise
D-Arzt	Durchgangsarzt
DDG	Deutsche Diabetes Gesellschaft
EBM	Einheitlicher Bewertungsmaßstab
Ez.	Einzahl
fl	Femtoliter (10^{-15} l)
ggf.	gegebenenfalls
GKV	gesetzliche Krankenversicherung
GOÄ	Gebührenordnung für Ärzte
GOP	Gebührenordnungsposition
GS	Geprüfte Sicherheit (Prüfsiegel)
HF	Herzfrequenz
I, II, V, X	römische Ziffern zur Bezeichnung der Hirnnerven
i. d. R.	in der Regel
i. m.	intramuskulär
i. v.	intravenös
IfSG	Infektionsschutzgesetz

Kürzel	Bedeutung
JArbSchG	Jugendarbeitsschutzgesetz
KHK	koronare Herzkrankheit
KV, KBV	Kassenärztliche (Bundes-)Vereinigung
l	Liter
Lj.	Lebensjahr
LWS	Lendenwirbelsäule
Min.	Minute
ml	Milliliter
MPG	Medizinproduktegesetz
Mz.	Mehrzahl
N.	Nerv, Nervus
o. g.	oben genannt
PKV	private Krankenversicherung
RKI	Robert-Koch-Institut
Sek.	Sekunde
SSW	Schwangerschaftswoche
Std.	Stunde
STIKO	Ständige Impfkommission
TÜV	Technischer Überwachungsverein
UV	Unfallversicherung, Unfallversicherungsträger
v. a.	vor allem
VAH	Verein für angewandte Hygiene
z. B.	zum Beispiel
z. T.	zum Teil
µl	Mikroliter

A

BEHANDLUNGSASSISTENZ

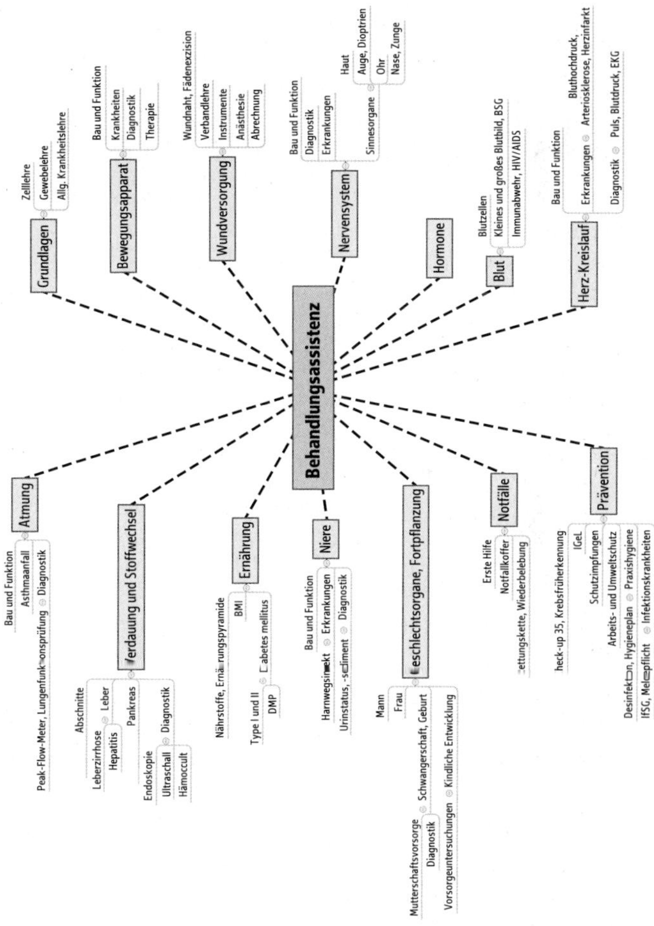

1 Grundlagen

1.1 Zelllehre (Zytologie)

Zelle (kleinste Funktionseinheit) → Gewebe (gleichartige Zellen) → Organe (Funktionseinheiten aus verschiedenen Geweben) → Organismus (Merkmale: z. B. Stoffwechsel, Fortpflanzung, Tod)

Bestandteile einer Zelle

1. raues endoplasmatisches Retikulum (ER)
2. Zellkern (Nukleus) mit Kernkörperchen (Nukleolus)
3. Golgi-Apparat
4. glattes ER
5. Zentriolen
6. Mitochondrien
7. Zytosol
8. Zellmembran

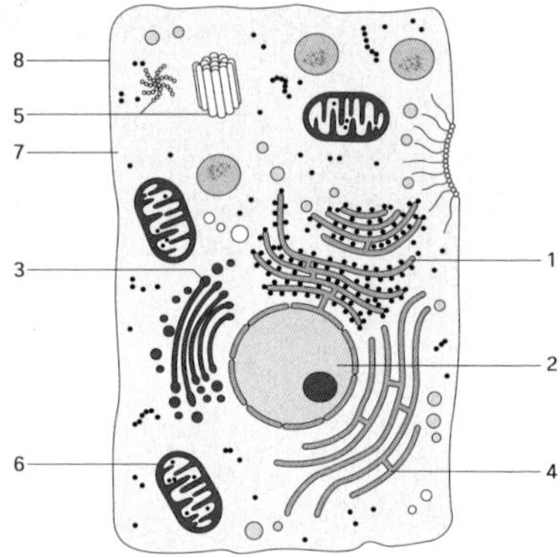

tierische Zelle

Erbmaterial

DNA: Doppelstrang-Kettenmolekül → Gen: DNA-Abschnitt für ein Eiweiß → Chromosom: durchgehende DNA-Stränge, je Körperzelle 23 Paare → Genom: Gesamtheit des Erbmaterials

Begriffe

- **Mitose** (Zellteilung) besteht aus fünf Phasen: Interphase (Funktionsphase), Prophase (Chromosomen: X-Form), Metaphase (Chromosomenspindel), Anaphase (Chromosomen wandern zu Polen), Telophase (neue Membran)
- **Mutation:** Veränderung im Erbmaterial, auf DNA-, Gen-, Chromosomen- oder Genom-Ebene
- **Meiose** (Reduktionsteilung): bei Keimzellen verdoppeln sich die Chromosomen nicht, nur 23 einzelne Chromosomen; bei

Befruchtung: Chromosomen aus Eizelle und Spermien vereinigen sich zu 23 Paaren

1.2 Gewebelehre (Histologie)

Man unterscheidet vier Hauptgewebearten:

Hauptgewebeart	Funktion	Unterscheidung (Beispiel)
Epithelien	Auskleidung, Drüsenfunktion	nach Form: → Plattenepithelien: einschichtig (Alveolen); mehrschichtig, unverhornt (Schleimhäute), mehrschichtig, verhornt (Haut) → kubisch, einschichtig (Drüsenausführungsgänge) → Zylinderepithel: einschichtig, ohne Mikrovilli (Gallenblase), mit Mikrovilli (Darm), mit Flimmerhärchen (Bronchien) → Übergangsepithel: Zellen dehnbar (Harnblase) → Drüsenepithel mit Ausführungsgang (exokrin, Speicheldrüsen), ohne Ausführungsgang (endokrin, Schilddrüse)
Binde- und Stützgewebe	Füllmaterial und Formgebung	nach Festigkeit: lockeres oder festes Bindegewebe (Organkapseln), Fettgewebe (Speicher- und Baufett), Knorpel (Bandscheiben), Knochen (Skelett)
Muskelgewebe (kontraktil)	Bewegung	nach Innervation und Kontraktion: quergestreift (willkürlich, schnell; Skelettmuskulatur), glatt (unwillkürlich, langsam; Verdauungstrakt), Herzmuskulatur (unwillkürlich, schnell)
Nervenzellen (erregbar)	Reizweiterleitung	nach Richtung: afferent oder efferent nach Funktion: sensorisch oder motorisch

1.3 Allgemeine Krankheitslehre

1.3.1 Grundprinzipien von Krankheiten

Entzündungen	→ z. B. durch Erreger (Bakterien, Viren, Pilze), Schadstoffe, autoimmun → Kardinalzeichen: Rötung, Überwärmung, Schwellung, Schmerz, Funktionseinschränkung → **Beispiele:** *lokal (Abszess, Furunkel), Organ (Pneumonie), systemisch (Sepsis)* → Namensgebung meist: Körperteil + Endung -itis (z. B. Appendizitis, Bronchitis) → Behandlung: je nach Ursache (z. B. Bakterien mit Antibiotika, Viren mit Virostatika), symptomatisch (z. B. Fiebersenkung) → Vorbeugung von Infektionen: Hygieneregeln
Verschleiß (Degeneration)	→ durch Abnutzung, Über- oder Fehlbelastung → z. B. Arthrose im Kniegelenk (Gonarthrose), Hüftgelenk (Coxarthrose), Schulter (Omarthrose) → Linderung, Vorbeugung: Gewichtsnormalisierung, Spaziergänge
Tumore	→ Neubildungen von Zellen, Bewertung nach Entartung (Grading) und Ausdehnung (Staging), Namensgebung: i. d. R. Ursprungsgewebe + Endung -om • gutartige (benigne) Tumore: Zellen gut differenziert, langsames Wachstum, abgrenzbar, keine Metastasen **Beispiele:** *Adenome, Myome* • bösartige (maligne) Tumore: Zellen wenig differenziert, schnell wachsend, in Umgebungsgewebe infiltrierend, Metastasenbildung **Beispiele:** *Karzinom, Sarkom* → Behandlung oft mit OP, Chemo-, Strahlentherapie, ggf. Hormone

Verletzung	→ durch Einwirkung von außen → Knochenbrüche (Frakturen): • Behandlung chirurgisch (OP) oder konservativ (Gips) • offene (äußere Verletzung) oder geschlossene Frakturen • einfache oder Trümmerfrakturen (viele Knochenfragmente) → Wunden: Haut- und Weichteilverletzungen

1.3.2 Diagnostik: Ganzkörperstatus

→ **Untersuchungen:**

- Inspektion (Betrachtung): Augen, Mund, Haut, Intimbereich
- Palpatation (Abtasten): Abdomen (Bauch), Knöchel, Lymphknoten
- Inspektion und Beweglichkeit von Wirbelsäule und Extremitäten
- Auskultation (Abhorchen) von Herz und Lunge
- Funktionstest: Reflexe
- häufig: Puls- und Blutdruckmessung

→ **Material:** Stethoskop, Taschenlampe, Reflexhammer, ggf. Blutdruckmanschette

→ **Abrechnungshinweise:** es müssen nicht alle genannten Systeme mit untersucht werden; abrechnungsfähig für praktische Ärzte, Allgemeinmediziner, Internisten, Kinderärzte

2 Bewegungsapparat

2.1 Aufbau

Schädel	→ Schutzhülle für Gehirn → Gesichts- und Gehirnschädel
Wirbelsäule	→ „Rückgrat", Hals-, Brust-, Lendenwirbelsäule, Kreuz- und Steißbein → doppelte „S-Form": Biegung nach vorn (Lordose), nach hinten (Kyphose) → seitliche Biegung (pathologisch): Skoliose

Schultergürtel	→ verbindet Brustkorb mit Armen → Schlüsselbein (Clavicula), Schulterblatt (Scapula)
Brustkorb (Thorax)	→ umgibt Herz und Lunge → zwölf Rippenpaare, die gelenkig an der Wirbelsäule und z. T. auch am Brustbein (Sternum) verbunden sind
Beckengürtel	→ verbindet Rumpf mit Beinen → re./li. Hüftbein (Ossa coxae), Kreuzbein (Os sacrum)
Extremitäten	**Arme** → Oberarm: Humerus → Unterarm: Elle (Ulna) und Speiche (Radius; Daumenseite) → Hand
	Beine → Oberschenkel: Femur → Unterschenkel: Schienbein (Tibia) und Wadenbein (Fibula; dünner) → Fußknochen

2.2 Gelenke

Gelenke	**Verbindungsstellen** zwischen Knochen → Beweglichkeit
	→ **Aufbau** → Gelenkpfanne und -kopf sind mit Knorpel überzogen und von Gelenkkapsel umhüllt → Gelenkspalt: gefüllt mit Gelenkschmiere (Synovia)
	→ **Arten (Anzahl Bewegungsachsen), z. B.:** → Sattelgelenk (2), Daumenwurzelgelenk → Eigelenk (2), Handgelenk → Rad-/Zapfgelenk (1), 1./2. Wirbelkörper → Kugelgelenk (3), Schulter, Hüftgelenk

- **Sehnen:** bindegewebige Verbindung von Muskeln mit den Knochen, z. B. Achillessehne (an der Ferse)
- **Bänder:** Verbindungsgewebe von zwei oder mehr Knochen untereinander

2.3 Erkrankungen

Bandscheibenvorfall (Nucleus pulposus prolaps)

Knorpeliger Kern der Bandscheibe wölbt sich vor und drückt auf Nerven.

- **Symptome:** Schmerzen, Lähmungen, Gefühlsstörungen (Parästhesien)
- **Diagnose:** Untersuchung, CT oder Kernspin (NMR, MRT)
- **Therapie:** Medikamente, Physiotherapie, ggf. OP
- **Vorbeugung:** rückenschonendes Arbeiten, Bewegung

Osteoporose (Knochenschwund)

Knochenabbau mit Brüchigkeit; Frauen sind 10-mal häufiger betroffen als Männer, familiäre Disposition.

- **Diagnose:** Röntgen, IGeL-Angebot: DXA bzw. DEXA Röntgen
- **Vorbeugung:** Bewegung an der frischen Luft (Vitamin-D-Bildung), ausreichend Kalziumaufnahme, wenig Alkohol

Knochenbrüche (Frakturen)

- Unterteilung nach
  - äußeren Anzeichen in geschlossene oder offene Fakturen (ohne oder mit sichtbarer Haut- bzw. Weichteilverletzung)
  - Anzahl der Knochenbruchstücke in einfache oder Trümmerfrakturen (mehr als drei Knochenfragmente)
  - **Sichere Frakturzeichen:** Sichtbare Knochenfragmente, abnorme Beweglichkeit, Krepitation (Knirschen), Stufenbildungen in der Knochenkontur
- **Behandlung:** konservativ (Ruhigstellung, Gips) oder operativ (Nagelung, Verplattung)

2.4 Diagnostik: Röntgen, MRT und PET

Kurzwellige, energiereiche, nicht sichtbare Strahlen aus einer Röntgenröhre durchdringen das geröntgte Körperteil und treffen auf einen Film aus Silbersalzen. Dichtes Körpergewebe wie Knochen schwächt die Strahlung ab und der Film bleibt weiß. Durch durchlässige Gewebe (z. B. Bindegewebe) geht die Strahlung durch und färbt den Film schwarz. Heute werden digitale Bilder (Speicherfolie statt Filmkassette) verwendet.

Kontraströntgen (z. B. Angiografie, DSA): undurchlässiges Kontrastmittel wird in Hohlräume (z. B. Blutgefäße) gespritzt und zur Darstellung von Engstellen genutzt. Risiko bei Kontrastmittel: allergische Reaktion, ggf. anaphylaktischer Schock.

Bei der **Computertomografie (CT)** werden mithilfe eines Computers dreidimensionale Röntgenbilder erstellt. Sonderanwendungen sind CT mit Kontrastmittel, digitale Koloskopie und Kombinationen mit dem PET-Verfahren.

Keine Röntgenstrahlung nutzen

- die Kernspintomografie (auch NMR oder MRT, Magnetresonanztomografie) und
- das PET (Positronemissionstomografie), das ein nuklearmedizinisches Verfahren ist.

2.5 Therapie: Physikalische Anwendungen

Elektrotherapie

Beschreibt Anwendungen, bei denen Strom zum Einsatz kommt, z. B.:

- **diadynamischer Reizstrom** (Stromimpulse + Gleichstrom) zur Schmerztherapie und Durchblutungsförderung (z. B. Neuralgien)
- **Iontophorese** (Medikamente werden mithilfe von Gleichstrom durch die Haut transportiert)

▶ Elektroden immer anfeuchten, Ströme immer ein- und ausschleichen, nicht anwenden bei Schwangeren, akuten Entzündungen, Herzschrittmachern, Tumorpatienten, Thrombosen oder Blutungsneigung.

Wärmetherapie

Dazu zählen z.B. Fangopackungen oder Bestrahlung (Mikrowellentherapie, Infrarotlampe) zur Durchblutungsförderung und Muskelentspannung; **Sonderformen** sind Hochfrequenztherapien (Kurz- und Dezimeterwelle) mit Erwärmung tiefer Muskelschichten, aber ohne Wärmeempfinden; Gefahr von Verbrennungen.

Nicht anwenden bei Metallimplantaten, Schwangeren, Tumorpatienten oder akuten Entzündungen.

Wasseranwendungen

Anwendungen wie Bäder (Balneotherapie), z.B. Bewegungsbäder, Solebäder

Lichttherapie (Phototherapie)

Wird bei Neugeborenen mit Gelbsucht (Ikterus) oder Schuppenflechte (Psoriasis) angewandt.

Manuelle Therapie

Zum Beispiel Massagen, Krankengymnastik

3 Wundversorgung

Beim Umgang mit Wunden ist auf hygienische Händedesinfektion und aseptisches Arbeiten zu achten, bei Kontakt mit offenen Verletzungen, Körpersekreten und kontaminiertem Verbandmaterial stets Schutzhandschuhe tragen.

3.1 Primärheilende Wunden

Allgemeines

Nicht verunreinigte, frische Wunden können primär versorgt (verschlossen) werden (Wundränder wachsen zusammen, kleine Narbe), geringe Infektionsgefahr; ggf. Impfschutz überprüfen

Beispiele: *OP-, Schnitt- oder Platzwunden*

Primäre Wundversorgung

Material: Lokalanästhesie (Anästhetikum, Kanüle, Spritze), steriles Nahtset (Handschuhe, Kompressen, Tupfer, Pinzette, Schere, Nadelhalter, Nahtmaterial/Klammerpflaster; ggf. Lochtuch, Splitterpinzette, Sonde), Wundspüllösung, steriler Wundverband, Verbandschere, Abwurf

Nahtentfernung/Fadenzug

Material: keimarme Handschuhe, Hautdesinfektion, Schere, Pinzette, Tupfer, steriler Wundverband, Abwurf; nach vier bis sechs Tagen (Gesicht) bzw. nach zehn Tagen

3.2 Sekundärheilende Wunden

- **Eigenschaften:** unregelmäßige Wundränder, oft verunreinigt, Wunde heilt durch Gewebsneubildung
- **Versorgung:** Reinigung/Spülung, ggf. Wundexzision, Fremdkörperentfernung, steriler Wundverband; ggf. Impfschutz überprüfen
- **Wundarten nach Entstehung:**
  - **mechanisch bedingt,** z. B. **Schürfwunden** (oberflächlich), **Stichwunden** (Stichkanaltiefe überprüfen, Gefahr von Organverletzungen), **Quetschwunden** (oft Weichteilverletzungen, Bildung von Wundtaschen), **Kratz-, Biss-, Schusswunden**
  - thermisch (z. B. Verbrennung)
  - chemisch (z. B. Laugen- oder Säureverätzung) oder
  - strahlungsbedingt
- **Chronische Wunden:** > vier bis zwölf Wochen keine Heilungstendenz, z. B. Dekubitus, diabetischer Fuß, arterielle oder venöse Ulzera
- **Wundheilungsphasen:** (Blutungsstillung) – inflammatorische bzw. exsudative Phase (Entzündungsphase) – proliferative Phase (Granulationsphase) – reparative (Epitheliasierungsphase) – (Narbenumbildung)
- **Allgemeine Komplikationen:** Infektion, Nekrose (Absterben von Gewebe), Einblutung (Hämatom), Narbenbildungsstörungen, dauerhafte Funktionseinschränkung

▶ Infizierte Wunden immer räumlich und organisatorisch getrennt von aseptischen Wunden behandeln.

3.3 Anästhesie

Vollnarkose	künstliche Bewusstlosigkeit, mit Beatmung, bei größeren Eingriffen
Lokalanästhesie	→ Oberflächenanästhesie (z. B. Kältespray) → Infiltrationsanästhesie (z. B. Naevusexzision) → Leitungsanästhesie • Oberst-Anästhesie (Umspritzung Fingernerv) • Spinal-bzw. Peridural-Anästhesie (Rückenmarksnerven werden betäubt)

3.4 Abrechnungshinweise

3.4.1 EBM

→ Kleine chirurgische Eingriffe und primäre Wundversorgung: separate GOPs für Kinder bis 12. Lj. und Erwachsene
→ Abrechnung einmal pro Behandlungstag, aber mehrmals für offene Wunden an verschiedenen Körperteilen (max. fünf) oder unterschiedliche Versorgung
→ Sekundärheilende Wunden: einmal pro Behandlungsfall, mind. drei persönliche Arzt-Patienten-Kontakte
→ separate Positionen für Behandlung venöser Ulzera (pro Sitzung und Bein) und Kompressionstherapie, Fotodokumentation obligat; diabetischer Fuß: mit regionaler KV klären
→ Größe der Wunden definiert, Leistungen budgetiert
→ Verbandswechsel, Verbandmaterial und Anästhesie nicht gesondert abrechenbar

3.4.2 GOÄ

→ keine Definition kleine/große Wunden → Anlehnung an EBM, keine Budgetierung
→ Abrechnung mehrerer Wunden möglich, Lokalisation angeben; Wundverbände als Bestandteil operativer Eingriffe, Anästhesie zusätzlich
→ separate Nummern z. B. für Exzision, Fremdkörperentfernung, reine Verbandswechsel

3.4.3 UV-GOÄ

- Festpreise, keine Steigerungssätze
- Bagatellverletzungen: allgemeine Heilbehandlung
- D-Arzt (Durchgangsarzt) bei: AU-Bescheinigung, Behandlung > eine Woche, Heil- oder Hilfsmittel-Verordnungen oder Wiedererkrankung; besondere Heilbehandlung

3.5 Verbandlehre

- **Schutzverband:** z. B. Wundverband (Schutz vor Infektionen, Verschmutzung, Aufsaugen von Blut und Sekreten)
- **Stützverband** (z. B. Gips, Tape) zur Ruhigstellung: z. B. bei Knochenbrüchen, Sehnenscheidenentzündung (Tendovaginitis); Sonderformen: Rucksackverband bei Schlüsselbeinfraktur, Schildkrötenverband bei Ellenbogen- oder Knieverletzungen
- **Kompressionsverband:** z. B. bei Krampfadern, Beinvenenthrombose zur Verbesserung des venösen Rückflusses

Verbundene Extremitäten dürfen nicht kalt oder bläulich verfärbt sein, Kribbeln, Taubheitsgefühl, Schmerzen, Kälte oder bläuliche Verfärbung sind Alarmzeichen → Verband entfernen/wechseln.

3.6 Instrumente

Splitterpinzette	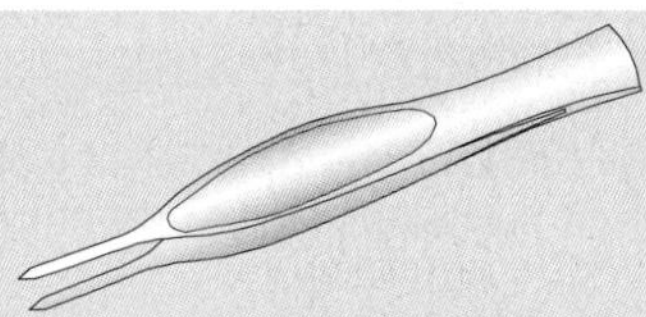
Anatomische Pinzette	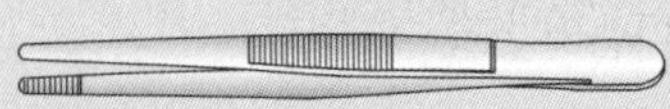
Chirurgische Pinzette	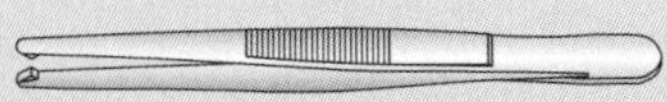

Péan-Klemme	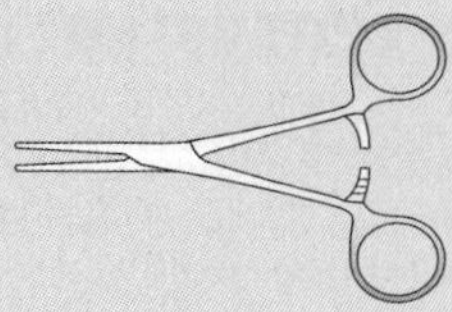
Kocher-Klemme	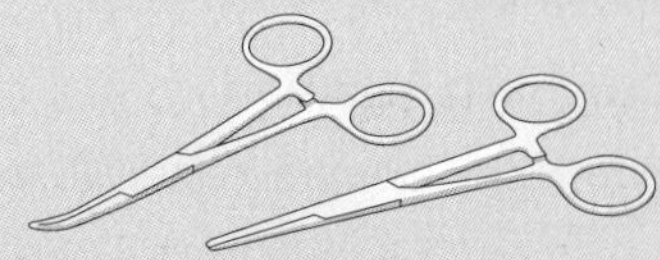
Backhaus-Klemme	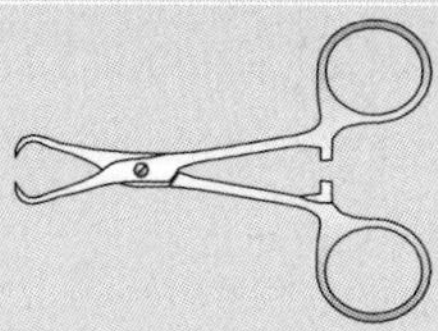
Kornzange	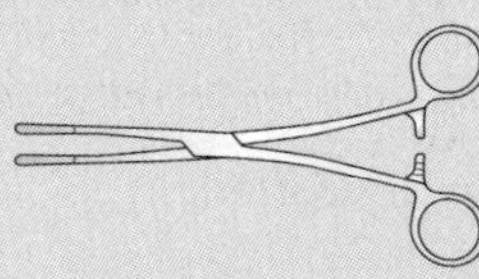
Biopsiezange	
Verbandschere	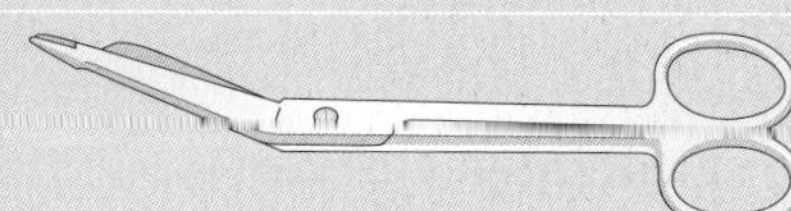

4 Nervensystem (NS)

Einteilung nach Hierarchie

- **Zentrales** NS: Gehirn (oberste Schaltzentrale) und Rückenmark (Umschaltstelle)
- **Peripheres** NS: alle nachgeschalteten Nerven

Einteilung nach Funktion

- **Willkürliches** (somatisches) NS: steuert willkürliche Muskeln, z. B. Bewegung
- **Autonomes** (vegetatives) NS: steuert die Organtätigkeit, z. B. Herzfrequenz, Verdauung

Besonderheiten von Nervenzellen (Neuronen):

- Sie sind erregbar (können Informationen über elektrische Impulse weiterleiten).
- Sie sind über Synapsen vernetzt.
- Reife Nervenzellen können sich i. d. R. nicht mehr teilen oder neu bilden.
- Sie können die Arbeit von anderen Nervenzellen mit übernehmen.

Aufbau von Neuronen

Zellkörper mit Zellfortsatz (Axon), über den der Reiz elektrisch weitergeleitet wird. Am Ende des Axons werden chemische Botenstoffe über Schaltstellen (Synapsen) an weitere Neuronen übertragen.

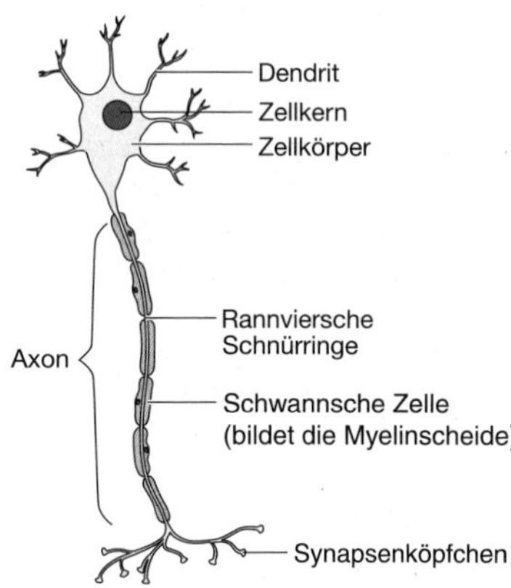

4.1 Zentrales Nervensystem (ZNS)

4.1.1 Gehirn

Einteilung

- **Großhirn** (1, Telencephalon) mit Rinde und Balken (2, Corpus callosum); Funktion: Denken, Bewusstsein

- **Zwischenhirn** (5, Diencepahalon) mit Hirnanhangsdrüse (6, Hypophyse); Funktion: Schaltzentrale für Hormone
- **Hirnstamm** mit Mittelhirn (3, Mesencephalon), Brücke (7, Pons) und dem **verlängerten Mark** (8, Medulla oblongata); Funktion: Lebensfunktionen schalten und steuern
- **Kleinhirn** (4, Cerebellum); Funktion: Feinmotorik, Gleichgewicht

Die **Hirnhäute** (Meningen) umhüllen Gehirn und Rückenmark zum Schutz des ZNS. Insgesamt gibt es drei, in der inneren befindet sich das Hirnwasser (Liquor), das das ZNS wie ein Wasserkissen schützt. In den Hirnhäuten verlaufen auch Blutgefäße, die das Gehirn mit Sauerstoff und Glukose versorgen.

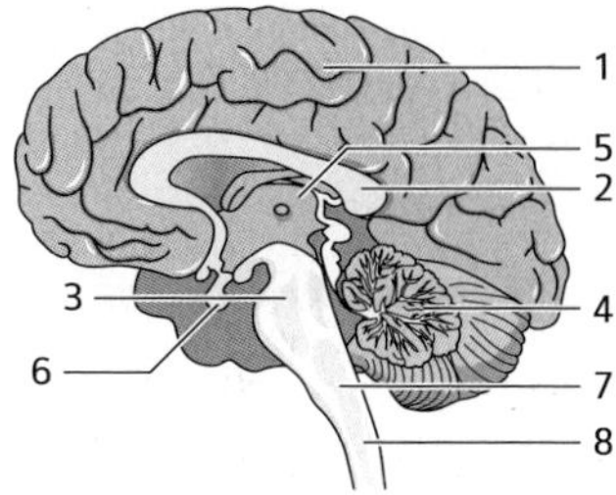

Man unterscheidet:

- **graue Substanz:** z. B. Großhirnrinde mit vielen Neuronenzellkörpern, mittig im Rückenmark
- **weiße Substanz:** Myelinscheiden der Axone, z. B. im Rückenmark, äußere Schicht

4.1.2 Rückenmark

- verläuft durch den Rückenmarkskanal in der Wirbelsäule, Funktion: Schaltstelle zwischen Gehirn und Körperperipherie
- besteht aus sensiblen und motorischen Nervenfasern
- Zwischen jedem Wirbelkörper treten Nerven ein und aus. Bei Schädigung (z. B. durch Verletzung, Tumore, Bandscheibenvorfall) kann es je nach Höhe und Ausmaß zu Lähmungen und Gefühlsstörungen, Inkontinenz und vegetativen Störungen kommen.

4.1.3 Hirnnerven

Hirnnerven ziehen nicht über das Rückenmark, sondern direkt vom Gehirn durch die Schädeldecke. Man kennt insgesamt zwölf, wichtig sind z. B. der **Riechnerv** (N. olfactorius, I), der **Sehnerv** (N. opticus, II), der **Drillingsnerv** (N. trigeminus, V, für Gesichtsempfindungen) und der **Vagusnerv** (X, Teil des vegetativen NS).

4.2 Vegetatives Nervensystem

Funktion: Regelung unwillkürlicher Abläufe, z.B. Atmung, Herzfrequenz, Blutdruck; daher auch als autonomes Nervensystem bezeichnet

Zwei Gegenspieler:

- **Sympathikus:** „Stressnerv" erhöht Puls und Blutdruck, reduziert Verdauungsvorgänge, erweitert die Bronchien.
- **Parasympathikus:** „Entspannungsnerv" bewirkt das Gegenteil.

4.3 Diagnostik

- neurologische Untersuchung (Reflexe, Bewusstsein)
- Liquordiagnostik zum Nachweis von Entzündungen (z.B. Meningitis, Multiple Sklerose)
- EEG und Nervenleituntersuchungen (EMG, EAP, EVP)
- Bildgebende Verfahren: CT, NMR, PET

4.4 Erkrankungen

- **Entzündungen:** Enzephalitis oder Meningitis (Hirnhautentzündung); Erreger meist Viren (z.B. FSME) oder Bakterien (z.B. Meningokokken); typische Symptome: Fieber, Kopfschmerzen und Nackensteifigkeit (Meningismus), Krampfanfälle
- **Tumore:** gutartige (z.B. Meningeom) oder bösartige, schnell wachsende (z.B. Glioblastom)
- **Schlaganfall (Apoplexie):** aufgrund von Durchblutungsstörungen oder Blutung sterben Gehirnzellen ab; typische Symptome: Halbseitenlähmung, Sprach- oder Sehstörungen, Schwindel
- **Parkinson-Erkrankung** (Schüttellähmung): Mangel an Neurotransmittern; typische Symptome: Zittern, verlangsamte Bewegung, Starre der Muskeln und wenig Mimik, leise Sprache
- **Multiple Sklerose:** Zerstörung der Myelinscheiden des Axons; mögliche Symptome: Lähmungserscheinungen, Koordinations-, Seh- und Sprachstörungen
- **Krampfanfälle:** können in jedem Alter auftreten, ohne erkennbaren Grund oder im Rahmen von Fieber, Alkoholmissbrauch, Tumoren, Entzündungen
- **Demenz:** fortschreitender Abbau der geistigen Leistungsfähigkeit (z.B. Alzheimer-Demenz) mit Vergesslichkeit, Orientierungslosigkeit, Denkstörungen, Veränderung der Persönlichkeit

- **Psychiatrische Erkrankungen:** z. B. Depressionen oder Schizophrenie
- **Neuropathien:** Schädigung (z. B. durch Alkohol oder Diabetes mellitus) peripherer Nerven mit Missempfindungen, Gangstörungen
- **Verletzungen:** z. B. **Gehirnerschütterung** (Commotio cerebri), mit kurzer Bewusstlosigkeit, Übelkeit, Kopfschmerzen oder Schädel-Hirntrauma mit bleibenden Defekten

4.5 Sinnesorgane

4.5.1 Ohr (Hören und Gleichgewicht)

Aufbau

Das **Außenohr** mit Ohrmuschel, äußerem Gehörgang bis zum Trommelfell fängt den Schall auf. Das **Mittelohr** mit den Gehörknöchelchen (Hammer, Amboss, Steigbügel) leitet den Schall weiter an das **Innenohr.** Dort wird die Endolymphe in Schwingungen versetzt, die den Hörnerv reizen. Dieser transportiert den Reiz zum Gehirn, wo er verarbeitet wird. Auch das Gleichgewicht ist im Innenohr lokalisiert.

Häufige Erkrankungen und Einschränkungen

- **Mittelohrentzündung** (Otitis media) mit Fieber, Ohrenschmerzen, kann chronisch werden
- **Ohrgeräusche** (Tinnitus) bei Belastungen, Stress oder Hörsturz
- **Schwerhörigkeit** durch
  - Schallleitungsprobleme im Außen- und Mittelohr (z. B. bei Mittelohrentzündung)
  - Schallempfindungsstörungen im Innenohr oder Hörnerv (z. B. Disco, Rötelinfektion in der Embryonalentwicklung) oder im Rahmen einer Altersschwerhörigkeit
  - Schallverarbeitungsprobleme im Gehirn

4.5.2 Nase (Riechen)

Über den Riechnerv (I, N. olfactorius) werden die Reize an das Gehirn weitergeleitet.

Erkrankungen: Schnupfen (Rhinitis) und Nasennebenhöhlenentzündung (Sinusitis)

4.5.3 Auge (Sehen)

Aufbau

- „Optischer Apparat" besteht aus Hornhaut, Kammerwasser, Linse und Glaskörper und dient der Lichtbrechung.
- Ziliarkörper, Regenbogenhaut (Iris) und Pupille adaptieren an Hell/Dunkel und Nah-/Fernsicht.
- Sinneszellen liegen in der Netzhaut (Retina) auf der Rückseite des Augapfels. Über den Sehnerv (II, N. opticus; Austrittsstelle = **Blinder Fleck**) werden die Reize zum Sehzentrum des Gehirns weitergeleitet. Wimpern, Augenbrauen, -lider, Tränenflüssigkeit, Fetthülle und Bindehaut schützen das Auge.

Erkrankungen und Fehlsichtigkeiten

- **Weitsichtigkeit** (Hyperopie): Augapfel zu kurz, Brennpunkt hinter der Netzhaut, schlechte Sicht in der Nähe
- **Kurzsichtigkeit** (Myopie): Augapfel zu groß, Brennpunkt vor der Netzhaut, schlechte Sicht in der Ferne
- **Altersweitsichtigkeit** (Presbyopie): Linse hat an Elastizität verloren, schlechte Sicht in der Nähe (Lesebrille)
- **Grüner Star** (Glaukom): erhöhter Augeninnendruck, Gefahr der Erblindung durch Netzhaut- und Sehnervschädigung
- **Grauer Star** (Katarakt): Trübung der Linse mit Nebelsehen

Messung und Korrektur von Fehlsichtigkeit

- **Einheit:** Dioptrienwert ist der umgekehrte Zahlenwert der Brennweite.
- **Beispiel:** *Bei Kurzsichtigkeit ist die Sichtschärfe zu kurz (Minuswerte), d. h., wenn die Brennweite des Auges um 50 cm verkürzt ist* $(-0{,}5\ m = \frac{1}{2}\ m)$, *dann gibt der umgekehrte Zahlenwert die Dioptrien an:* $\frac{2}{-1} = -2\ dpt$
- **Korrekturbrille:**
  - Kurzsichtigkeit mit konkaven Linsen (Wölbung nach innen, „Wespentaillenform");
  - Weitsichtigkeit mit Konvexlinsen (Wölbung nach außen, „Bierbauchform")

4.5.4 Haut (Tasten, Fühlen)

Aufbau

Oberhaut (mehrschichtiges verhorntes Plattenepithel), Lederhaut (Schweiß-, Talgdrüsen, Haarwurzeln, Tastkörperchen) und Unterhaut (Fettgewebe)

Funktion

Wärmeregulation, Schutz vor Umwelteinflüssen und Infektionen, Sinnesorgan, Ausscheidung

Erkrankungen

- **Infektionen:** Bakterien (z. B. Furunkel, Erysipel, Impetigo), Viren (z. B. Herpes simplex, Warzen), Pilze (Pilzinfektionen = Mykosen)
- **Ekzem: chronische Hautschädigung durch** Kontakt mit Reizstoffen, z. B. Nickel, Latexpuder
- **Schuppenflechte** (Psoriasis)
- **Akne**
- **Tumore:** gutartige (z. B. Muttermal = Naevus) oder bösartige (z. B. schwarzer Hautkrebs = malignes Melanom)

Nävusentfernung (Tumorexzision)

Hautdesinfektion, Lokalanästhesie, Händedesinfektion, aseptisches Arbeiten, sterile Materialien: Handschuhe, Skalpell und Schere, ggf. Nahtset, Wundverband, Biopsiegefäß

Gewebeprobe (Biopsie)

Vorbereitung nach Absprache mit Labor (ggf. in Formalin oder nativ), doppelte, bruchsichere Verpackung, eindeutige Kennzeichnung und Anforderung, Versandvorschriften des Labors oder Transporteurs beachten

4.5.5 Zunge (Schmecken)

Geschmackspapillen auf der Zunge sind für die Empfindungen verantwortlich.

5 Hormone

Hormone sind chemische Botenstoffe, die über das Blut verteilt werden:

Hormondrüse *(endokrine Drüse)* —*Blut*→ **Zielzelle** *(Rezeptoren)*

Funktion: regulieren viele Vorgänge im Körper, insbesondere Stoffwechsel und Organtätigkeiten

Regelung ist hierarchisch: Hypothalamus (oberste Schaltzentrale) → ggf. Hypophyse → Hormondrüsen

Überblick: Hormondrüsen, Hormone und deren Funktion

<table>
<tr><th colspan="2">Zirbeldrüse (Epiphyse)</th></tr>
<tr><td colspan="2">Melatonin: „biologische Uhr“</td></tr>
<tr><th>Hirnanhangsdrüse (Hypophyse)
a) Vorderlappen (HVL)</th><th>b) Hinterlappen (HHL)</th></tr>
<tr><td>TSH: Schilddrüsenaktivierung
ACTH: Nebennierenrindestimulierung
FSH, LH: Eisprung (Frau)/Androgenproduktion (Mann)
MSH: Pigmentbildung in der Haut
STH: Wachstumshormon
Prolaktin: Milchbildung</td><td>ADH: reduziert die Harnausscheidung
Oxytocin: Wehen und Milchbildung</td></tr>
<tr><th colspan="2">Schilddrüse (Glandula thyroidea)</th></tr>
<tr><td colspan="2">T3, T4: Stoffwechsel
Calcitonin: Kalziumeinbau in Knochen</td></tr>
<tr><th colspan="2">Nebenschilddrüse</th></tr>
<tr><td colspan="2">Parathormon: Gegenspieler von Calcitonin, Kalziumabbau</td></tr>
<tr><th colspan="2">Nebennierenrinde (NNR)</th></tr>
<tr><td colspan="2">Stresshormone (z. B. Kortisol), Mineralokortikoide (z. B. Aldosteron), Mineralstoffwechsel, Geschlechtshormone (z. B. Androgene)</td></tr>
<tr><th colspan="2">Nebennierenmark (NNM)</th></tr>
<tr><td colspan="2">Stresshormone (Adrenalin, Noradrenalin)</td></tr>
</table>

Bauchspeicheldrüse (Pankreas)	
Insulin (BZ-senkend) und Glukagon (BZ-steigernd)	
Geschlechtshormone **Männer: Hoden (Testes)**	**Frauen: Eierstöcke (Ovarien)**
männliche Geschlechtshormone, z. B. Testosteron	weibliche Geschlechtshormone (z. B. Östrogen, Progesteron), Fehlfunktionen führen zu Zyklusstörungen

Diagnostik

- Labordiagnostik (Serum, bzw. Plasma- oder Urinnachweis)
- Szintigrafie (Nachweis mit radioaktiven Isotopen zeigen Anreicherungen, z. B. Schilddrüsendiagnostik)

Hormonstörungen und Erkrankungen

- Diabetes mellitus → s. Teil A, Kap. 10.4
- Diabetes insipidus: Mangel an ADH führt zu starker Harnausscheidung
- Hyperthyreose (z. B. bei Morbus Basedow): Überproduktion an T3, T4 mit vermehrtem Stoffwechsel, Haarausfall, gesteigertem Puls, Schwitzen, Gewichtsabnahme
- Hypothyreose: Mangel an T3, T4 mit vermindertem Stoffwechsel, Antriebslosigkeit, Leistungsabfall
- Cushing-Syndrom: Überschuss an Kortisol durch Überproduktion oder Medikamenteneinnahme

6 Blut

6.1 Bau und Funktion

Blut ist ein flüssiges Organ.

- **Menge** beim Erwachsenen: ca. 5 l
- **Aufbau:** kolloidale Lösung aus 58 % flüssigen Bestandteilen (Plasma, Wasser mit gelösten Eiweißen, Elektrolyten) und 42 % zellulären Bestandteilen
- **Funktionen:** Transport (z. B. O_2, CO_2, Nährstoffe, Körperwärme), Infektabwehr, pH-Pufferung, Gerinnung
- Blutzellenbildung im Knochenmark über Vorstufen

6.1.1 Rote Blutkörperchen (Erythrozyten)

- **Beschreibung:** klein, rund, eingedellt, ca. 5 Mio/µl, Lebensdauer ca. 120 Tage, kein Zellkern, Milz: Prüfung, Abbau
- **Hämoglobin:** eisenhaltiges Eiweißmolekül v. a. für O_2-Transport
- **Mangel:** Anämie, z. B. Eisenmangel- oder Vit-B_{12}-Mangel
- **Blutgruppe:** Eigenschaften sind auf Erythrozyten verankert; Blutgruppen: A, B, AB und 0

6.1.2 Weiße Blutkörperchen (Leukozyten)

- **Menge:** ca. 4000–10000/µl Blut
- **Unterteilung in:**
  - **Granulozyten:** rund mit stabförmigem, ggf. segmentiertem Kern; werden je nach Anfärbbarkeit unterschieden in neutrophile (Lilafärbung), eosinophile (Rotfärbung) und basophile (Blaufärbung); Funktionen bei unspezifischer Abwehr, Allergien
  - **Lymphozyten:** runde Zellen, großer, runder Kern; werden unterschieden in B-Lymphozyten (Bildung von Antikörpern) und T-Lymphozyten (zelluläre Abwehr)
  - **Monozyten:** groß, hufeisenförmiger Kern; wandern als Makrophagen in Gewebe; Funktion: unspezifische Abwehr
- **Krankheiten:** Leukämie (Blutkrebs), unterschiedliche Formen

6.1.3 Blutplättchen (Thrombozyten)

Beschreibung: klein, kernlos, ca. 150000–400000/µl Blut, Lebensdauer: eine bis zwei Wochen; Funktion: Wundverschluss, starten Gerinnungskaskade

6.2 Diagnostik Hämatologie

6.2.1 Kleines Blutbild

Parameter	Normbereich	Veränderungen
Hb	Frauen: 12–16 g/dl Männer: 14–18 g/dl	↓ Anämie (Blutarmut)
Erythrozyten	Frauen: 4–5 Mio/µl Männer: 4,5–5,5 Mio/µl	↓ häufig bei Anämie
Hämatokrit	Frauen: 0,35–0,45 Männer: 0,36–0,48	↓ Anämie ↑ z. B. Hinweis auf Exsikkose

Parameter	Normbereich	Veränderungen
MCH (mittlerer zellulärer Hb-Gehalt)	27–32 pg 1,7–2,1 fmol	Hb ↓, MCH normal: akute Blutung Hb ↓, MCH ↓: chronischer Blutverlust, Eisenmangelanämie Hb ↓, MCH ↑: Vitamin-B_{12}-Mangel-Anämie
MCV (mittleres zelluläre Volumen)	80–96 fl	
MCHC (mittlere zelluläre Hb-Konzentration)	32,2–35,4 g/dl 20–22 mmol/l	
Leukozyten	4000–10000/µl	↑ bei Rauchern, bakteriellen Infekten, einigen Leukämieformen ↓ HIV/AIDS, nach Chemotherapie
Thrombozyten	150000–400000/µl	↑ Thrombosegefahr! ↓ Blutungsgefahr!

6.2.2 Großes oder Differenzialblutbild

Enthält zusätzlich Leukozytendifferenzierung (maschinell; manuelle Differenzierung: auf Laborschein separate Anforderung und später Abrechnung).

Blutausstrich

- **Zweck:** Differenzierung der Leukozyten, Angabe prozentual auf 100 ausgezählte Leukozyten; in der Regel maschinell
- **Material:** frisches EDTA-Blut, zwei fettfreie Objektträger, Bleistift, ggf. Ausstrichhilfe
- **Durchführung:** Objektträger beschriften, einen Tropfen Blut draufgeben, zweiten Objektträger hochkant im 45-Grad-Winkel davor ansetzen, vorsichtig bis zum Blutstropfen zurückschieben, sobald das Blut an der Kante des zweiten Objektträgers verteilt ist, zügig und in einem Zug nach vorn schieben und den

Blutstropfen „mitnehmen“, zum Ende hin sollte er bürstchenförmig ausfransen, trocknen lassen, Färbung nach Pappenheim
- **Manuelle Auszählung:** mit 10x-Objektiv die Ebene suchen, Immersionsöl auf das Präparat geben, dann 100x-Objektiv einstellen, 100 Leukozyten mäanderförmig auszählen, in einen Zählbogen eintragen, am Ende mit Alkohol und Reinigungstuch das Objektiv reinigen

6.2.3 BSG-Bestimmung nach Westergren

Unspezifischer Entzündungsmarker, der z.B. bei Infekten oder Tumoren, aber auch bei Rauchern, Schwangeren, Älteren erhöht ist.

Normwerte (mm n. W.)	Frauen	Männer
nach einer Std.	3–8	2–8
nach zwei Std.	5–20	4–18

- **Material:** 2 ml Vollblut mit Na-Citratzusatz, Senkungspipette/-aufsatz, Westergren-Ständer, Zeituhr
- **Durchführung:** Blutröhrchen mit entsprechendem Aufsatz oder Pipette versehen, luftblasenfrei bis zur Markierung aufziehen, in Westergren-Ständer stellen, nach einer und nach zwei Stunden ablesen
- **Fehlerquellen:** falsches Mischungsverhältnis, ungenügende Mischung, Wärme/Sonne, nicht senkrecht aufgestellt

6.3 Lymphsystem

6.3.1 Immunabwehr

Abwehrzellen sind im Körper verteilt **(„lymphatisches Gewebe“)**, z.B. Thymus (Reifung), Rachenmandeln und Dünndarm (Payersche Plaques).

Transport über **Lymphbahnen** (Gewebsdrainage), **Lymphknoten** sind Filterstationen.

Fehlfunktionen: Schwäche (z.B. HIV), Überfunktion gegen Fremdstoffe (Allergien) oder eigenes Gewebe (Autoimmunkrankheiten)

6.3.2 HIV und AIDS

- **Immunschwäche:** HI-Virus zerstört T4-Zellen (Lymphozyten) und damit die Abwehrfunktion des Blutes gegen andere Infektionen.

- **Inkubationszeit und Symptome:** Jahre oder Jahrzehnte bis zum Vollbild AIDS (z. B. Pneumocystis-Pneumonie, Kaposi-Sarkom); vorher ggf. leichte Infekte
- **Übertragung** über Blut und Blutprodukte, z. B. bei i.v.-Drogen-Missbrauch, Nadelstichverletzungen, Geschlechtsverkehr, Mutter-Kind-Übertragung bei Geburt
- **Therapie:** Virostatika unterdrücken die Virusvermehrung und Ausbruch von AIDS.
- **Vorbeugung:** Safer Sex, sicherer Umgang mit Kanülen (kein Recapping), Schutzhandschuhe beim Umgang mit potenziell infektiösem Material, Praxishygiene
- **Postexpositionsprophylaxe (PEP):** nach Nadelstichverletzung gemäß RKI-Richtlinien (Blutfluss fördern, antiseptische Spülung, ggf. Medikamente), BG-Meldung, Dokumentation

7 Herz-Kreislauf-System

7.1 Bau und Funktion

7.1.1 Aufbau

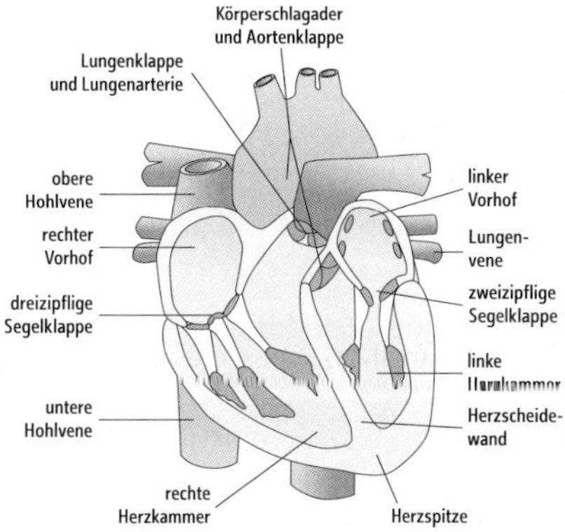

- **Hohlmuskel:** Vier Kammern, die durch Klappen in Vorhöfe und Kammern bzw. durch die Herzscheidewand in rechtes und linkes Herz getrennt sind; Motor für den Kreislauf, Pumpleistung ca. 70 ml Schlagvolumen
- **Wandaufbau:** Die Herzwand besteht aus dünnem Endokard (Innenauskleidung), einer (mittleren) starken Muskelschicht (Myokard) und dem Herzbeutel, der aus der inneren Epikard- und der äußeren Perikardwand besteht.

→ **Lage:** etwa faustgroß im Mediastinum (Brustraum) zwischen den Lungenflügeln (2/3 links, 1/3 rechts) vom Brustbein, Herzspitze nach links unten und vorn zeigend

7.1.2 Blutfluss durch das Herz

Körper	→ obere/untere Hohlvene
rechtes Herz	→ Vorhof → Trikuspidalklappe (dreizipflige Segelklappe) → rechte Kammer → Pulmonalklappe (Taschenklappe)
Lunge (kleiner Kreis-lauf)	→ Lungenarterie (O_2-armes Blut) → Lungen → Lungenvene (O_2-reiches Blut)
linkes Herz	→ Vorhof → Mitralklappe (zweizipflige Segelklappe) → Kammer → Aortenklappe (Taschenklappe)
Aorta	→ in den Körper (großer Kreislauf)

Bluttransport in den Körper: Muskeltätigkeit der Arterien

Rücktransport zum Herzen: Muskelpumpe der Beine, parallel zu Arterien, Venenklappen, Sogwirkung des Herzens

Arterien (Schlagadern)	Kapillaren (Haargefäße)	Venen (Adern)
→ vom Herzen weg → zweigen sich auf → Hochdrucksystem → Wandaufbau: dicke Muskelschicht	→ verbinden Arterien und Venen → Niederdrucksystem → Wandaufbau: Poren zum Nährstoffaustausch	→ zum Herzen hin → vereinigen sich → Niederdrucksystem → Wandaufbau: dünne Muskelschicht, Venenklappen

7.1.3 Reizleitung

Herzautonomie: Das Herz schlägt unwillkürlich und unabhängig vom ZNS – Erregungsbildung im Sinusknoten (Taktgeber) und AV-Knoten (Ersatztaktgeber, zweite Reizleitungsstation), Weiterleitung über HIS-Bündel zu den Tawara-Schenkeln bis Purkinje-Fasern.

7.2 Diagnostik

7.2.1 Pulsmessung

Messung der Herzfrequenz in Schlägen pro Minute

- **Durchführung:** Tasten am Handgelenk (A. radialis), Leiste (A. femoralis), Fuß oder Hals (A. carotis); mind. 15 Sek. auszählen, bei Herzrhythmusstörungen eine Min.
- **Wertebereich** (pro Min.): Ruhepuls 60–80, Sportler < 60, Babys bis 120; Tachykardie > 100, Bradykardie < 60

7.2.2 Blutdruckmessung

Druck des Blutes in den Gefäßen wird gemessen, abhängig von Alter, Konstitution, Geschlecht, Belastung, Situation

- **Wertebereich:** optimal 120/80, normal bis systolisch 100–140/ diastolisch 60–90; Hypertonie: ≥ 140/90, Hypotonie: < 100 systolisch
- **Einheit:** mm-Quecksilbersäule (mmHg)
- **Durchführung:** 2–3 Min. ruhig sitzen, Arm auf Herzhöhe, Manschette eng um den unbekleideten Oberarm legen, zügig aufpumpen bis ca. 30 mmHg über den vermuteten Wert, Stethoskop anlegen, Druck langsam und gleichmäßig ablassen, erster Wert: beim ersten hörbaren Puls, zweiter Wert: beim letzten hörbaren Puls, Werte dokumentieren
- **Fehlerquellen:** falsch hohe Werte bei zu kleiner Manschette, mehreren Messungen am selben Arm direkt hintereinander; falsch niedrige Werte bei Messung unterhalb der Herzhöhe, Manschette nicht genug aufgepumpt, Druck zu schnell abgelassen
- **Besonderheiten:** Patienten nach Brustkrebs-OP, Schlaganfall oder bei Dialyse-Shunt: Blutdruck nicht am betroffenen Arm messen; adipöse Patienten: große Manschette verwenden

7.2.3 Elektrokardiografie (EKG)

Messung der Herzleistung anhand der elektrischen Aktivität über eine gewisse Zeit; Diagnostik von Herzrhythmusstörungen, Durchblutungsstörungen

- **Standard:** 12-Kanal-EKG
- **Material:** EKG-Gerät, zehn farblich kodierte Elektroden, Gel oder Spray, Standard: Cabrera-Kreis, Papiervorschub: 50 mm/Sek. bzw. Rhythmusstreifen 25 mm/Sek.
- **Durchführung:** Patienten sollen Oberkörper und Extremitäten freimachen (Raumtemperatur beachten), sich hinlegen; Kontaktmittel auf die Hautstellen geben, Elektroden anlegen

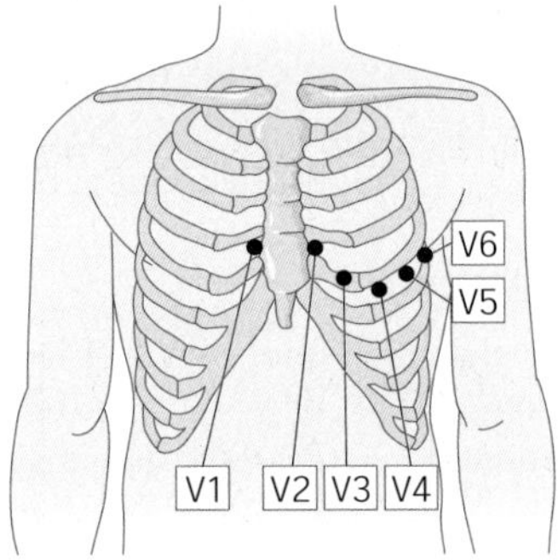

Brustwandableitungen bei 12-Kanal-EKG

Extremitäten	→ schwarz (rechtes Bein) → rot (rechter Arm) → gelb (linker Arm) → grün (linkes Bein)
Brustwand	→ V1 (rot, zw. 4./5. Rippe, rechts vom Brustbein) → V2 (gelb, zw. 4./5. Rippe, links vom Brustbein) → V3 (grün, zwischen V2 und V4) → V4 (braun, zwischen 5./6. Rippe, Mittellinie des Schlüsselbeins) → V5 (schwarz, zwischen 5./6. Rippe, vordere Achsellinie) → V6 (lila, zwischen 5./6. Rippe, mittlere Achsellinie)

→ **EKG-Ausdruck:** P-Welle (Vorhoferregung), QRS-Komplex (Kammererregung), T-Welle (Erregungsrückbildung)

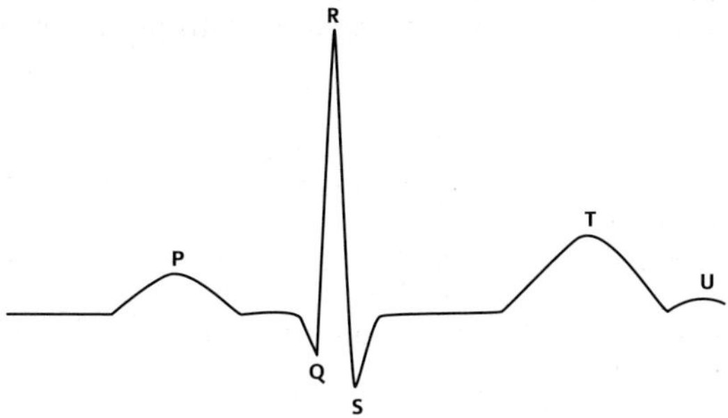

→ **Fehlerquellen:** lockere oder vertauschte Elektroden, fehlendes Kontaktmittel, Muskelzittern, Bewegung (Husten, Sprechen etc.), Wechselstromüberlagerung

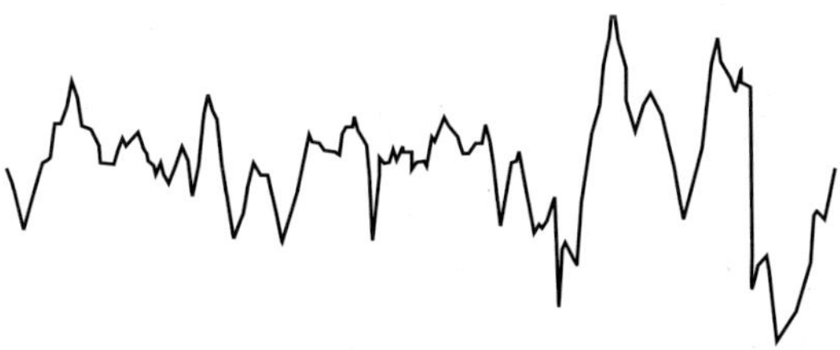

a) verwackelte Grundlinie, z. B. lose Elektroden

b) Rauschen, z. B. Muskelzittern, Frieren, falscher Filter

→ **Sonderformen:**

- **Belastungs-EKG (Ergometrie):** EKG-Messung bei zunehmender Belastung (z. B. Fahrrad), Diagnostik von KHK; Abbruch: bei Schmerzen, Atemnot, Rhythmusstörungen, Erschöpfung
- **Langzeit-EKG:** Messung über 24 Std.

7.2.4 Weitere Diagnostik

- **Echokardiografie:** Ultraschall des Herzens
- **Herzkatheter:** Röntgenkontrastuntersuchung, Diagnostik KHK, ggf. Erweiterung (Dilatation, PTCA)
- **Doppler-Sono:** deckt Durchblutungsstörungen auf

7.3 Erkrankungen des Herzens und der Gefäße

7.3.1 Akutes Koronarsyndrom (ACS)

Pathomechanismus: akute Obstruktion einer Koronararterie, durch Mangeldurchblutung (Ischämie) stirbt Gewebe im Herzmuskel ab. Das ACS ist immer ein Notfall. Abhängig vom Ausmaß der Einengung und Schädigung unterscheidet man:

- instabile Angina Pectoris (Präinfarkt)
- Myokardinfarkt (NSTEMI, Non-STEMI)
- ST-Strecken-Elevations-Myokardinfarkt (STEMI)

Ursache: meist Thrombus in einer Koronararterie bei Arteriosklerose

- **Symptome:** variabel, oft retrosternale Schmerzen, Ausstrahlung in linken Arm oder Kiefer („stummer Infarkt": keine Schmerzen), ggf. Oberbauchschmerzen, Angst, Übelkeit, Luftnot, Blutdruckabfall (kardiogener Schock), Rhythmusstörungen
- **Diagnose:** Klinik, EKG
- **Labor:** erhöhte Werte für herzspezifische Parameter Troponin (Schnelltest), CK mit erhöhtem CK-MB-Anteil (Creatinkinase mit herzspezifischem MB-Anteil); unspezifische Parameter: erhöhte Entzündungswerte, GOT, LDH
- **Komplikationen:** Herzrhythmusstörungen, Kammerflimmern, akute Linksherzinsuffizienz, Schock
- **Notfallmaßnahmen:** Notarzt und Krankenhauseinweisung (EKG und Befunde mitgeben), Venenzugang, keine i.m.-Spritzen, **Medikamente:** ASS, Nitrat (RR-Kontrolle), ggf. Sedierung, Schmerzmittel, Betablocker

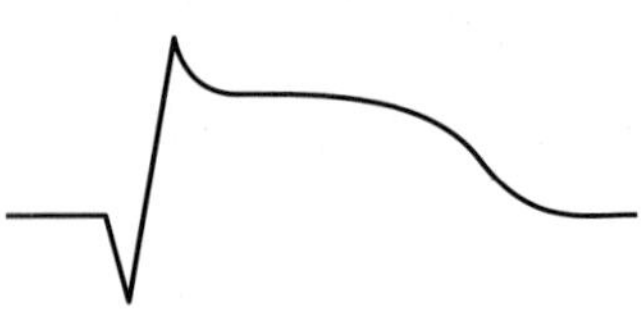

EKG: frischer Infarkt

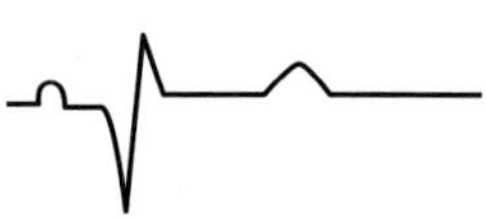

EKG: alter Infarkt mit kleiner R-Zacke, T kann negativ oder normal sein

7.3.2 Arterielle Hypertonie

Ursachen oft unklar; **Risikofaktoren:** Übergewicht, Ernährung, Stress, Rauchen, Nierenerkrankungen, Hormonstörungen, Medikamente, Schwangerschaft; **Spätfolgen:** arteriosklerotische Gefäßerkrankungen, Schlaganfall, KHK bis Herzinfarkt, Herzinsuffizienz, Nieren- und Netzhautschäden

7.3.3 Arteriosklerose

„Verkalkungen" der Arterien in Zusammenhang mit zu hohen Blutfetten, Arterieninnenwand wird rau, starr und eng; **Risikofaktoren:** Rauchen, Diabetes mellitus; **Folge:** Durchblutungsstörungen; **Lokalisation:** a) Beine (arterielle Verschlusskrankheit [pAVK] mit Schmerzen beim Gehen, „Schaufensterkrankheit"), b) Herzkranzgefäße (koronare Herzkrankheit [KHK] mit stumpfen Druckschmerzen [Angina pectoris]), c) Halsschlagader; **Gefahr:** Herzinfarkt, Schlaganfall

7.3.4 Erkrankungen der Venen

- **Krampfadern** (Varikosis): „ausgeleierte" Venenklappen mit erhöhter Gefahr der **Phlebothrombose** (Blutgerinnsel in den tiefen Venen), Risikofaktoren: OP, Langstreckenflug, Komplikation: Lungenembolie, oft tödlich
- **Prophylaxe:** Heparin s.c., Antithrombose-Strümpfe, Anregung der Muskelpumpe

8 Atmungssystem

Hauptaufgabe der Luftwege ist die Aufwärmung, Befeuchtung und Reinigung der Atemluft (Flimmerepithel), in der Lunge findet der Gasaustausch statt.

Die **Atemluft** besteht aus Stickstoff 78 %, Sauerstoff bei Einatmung 21 % und bei Ausatmung 16–17 %, Edelgase 1 %, Kohlendioxid bei Einatmung 0,03 % und bei Ausatmung 4–5 %.

Einströmung der Luft durch Unterdruck im Brustkorb bei Zwerchfellkontraktion.

8.1 Aufbau

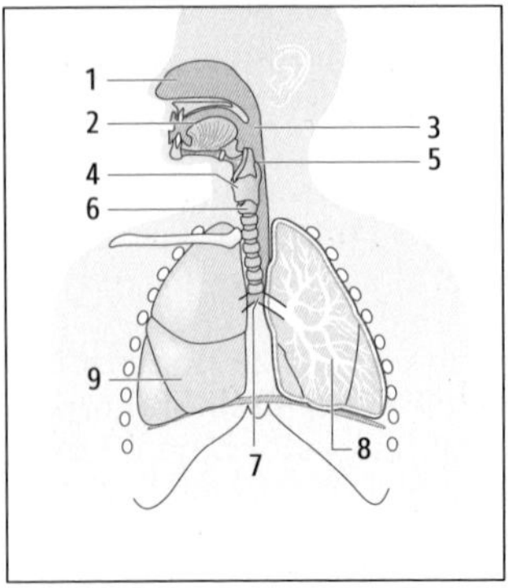

- **Obere Luftwege:** Nase [1], Mundhöhle [2], Rachen (Pharynx [3], Funktion: Druckausgleich über Eustachische Röhre, Immunabwehr), Kehlkopf und Kehldeckel (Larynx [4, 5], Funktion: Stimmbildung, Verschluss der Luftröhre beim Schlucken)
- **Untere Luftwege:** Luftröhre (Trachea [6], Funktion: Weiterleitung der Atemluft, Knorpelspangen) gabelt sich (Bifurkation [7]) in rechten und linken Hauptbronchus, die sich weiter verzweigen in Bronchien und Bronchiolen [8].
- **Lunge** (Pulmo [9]): Lungenbläschen (Alveolen), Funktion: Gasaustausch
- **„Anhängsel" Nasennebenhöhlen** (NNH): Resonanzkörper für Stimme, z. B. Kieferhöhle (Sinus maxillaris), Stirnhöhle (Sinus frontalis)

8.2 Häufige Krankheiten

- **Akute oder chronische Entzündungen:** z. B. Schnupfen (Rhinitis), Nasennebenhöhlenentzündung (Sinusitis), Bronchitis mit Husten und Auswurf (chronische Form: COPD), Lungenentzündung (Pneumonie) mit Atemnot, Fieber, Husten und Auswurf
- **Tumore:** z. B. Kehlkopf- oder Bronchialkarzinom, hohes Risiko bei Rauchern
- **Verletzungen:** z. B. Rippenfraktur oder Pneumothorax
- **Sonstige:** Lungenödem (Notfall, akute Luftnot, „Wasser in der Lunge" bei Linksherzinsuffizienz)

8.3 Asthmaanfall

- **Ursachen** für chronisches Asthma bronchiale sind z. B. Allergien oder Infekte. **Auslöser** eines akuten Asthmaanfalls können z. B. Reizstoffe, Infekte, kalte Luft oder Belastung sein.

- **Symptome:** Luftnot (Dyspnoe), Husten, Pfeifen beim Ausatmen (exspiratorischer Stridor), Auswurf, Herzrasen (Tachykardie), bläuliches Hautkolorit (Zyanose)
- **Sofortmaßnahmen:** Oberkörperhochlagerung, Lippenbremse, Notfallmedikamente vorbereiten, Sauerstoffgabe (2 l/Min., Atemkontrolle)
- **Therapie:** Kortison, Spasmolytika (Sympathikomimetika, Theophyllin, ggf. Sedierung, Notarzt, Krankenhauseinweisung
- **Prävention:** nicht Rauchen, Reizvermeidung, z. B. Pollen und Schadstoffe, Infektvorbeugung

Asthmatiker sollten immer ein Notfallset bei sich tragen.

8.4 Diagnostik

- **Körperlich:** Perkussion (Abklopfen) und Auskultation (Abhorchen)
- **Apparativ:** Röntgen-Thorax in zwei Ebenen (Entzündungen, Tumore, Stauung), Bronchienspiegelung (Bronchoskopie) mit bronchoalveolärer Lavage (BAL, Biopsie und Sputumtests), Lungenszintigrafie

Lungenfunktionstests

Spirometrie misst Atemvolumina: z. B. Atemzugsvolumen (Luftmenge pro Atemzug, ca. 0,5 l), Vitalkapazität (Atemstoßtest, Gesamtheit der Luftmenge bei max. Atmung, ca. 4–5 l), Einsekundenkapazität (%-Anteil des Atemstoßes in der ersten Ausatemsekunde).

Peak-Flow-Meter

Einfaches Gerät, misst Ausströmungsgeschwindigkeit bei verstärkter Ausatmung, Patienten können zu Hause messen.

- **Durchführung:** aufrecht stehen, tief einatmen, kräftig und lange ins Gerät ausatmen, Messwert ablesen, dokumentieren, zweimal wiederholen, Wirkungskontrolle Arzneien: 20–30 Min. nach Einnahme
- **Fehler:** nicht fest genug/zu kurz geblasen, Wangen aufgepustet, Luft durch Nase (→ Nasenklemme) oder am Gerät vorbeigepustet, falsche Körperhaltung, Gerät falsch bedient/gehalten

9 Verdauung und Stoffwechsel

9.1 Abschnitte des Verdauungstrakts

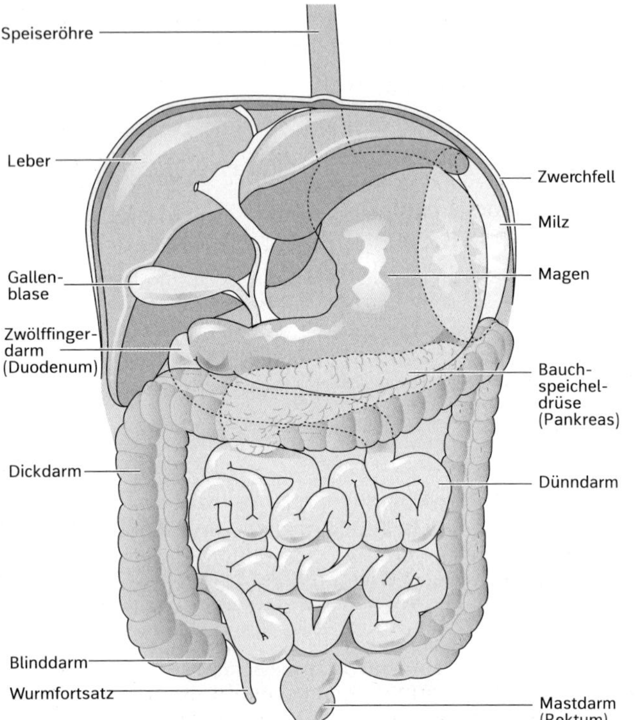

Mund (Os)

Funktion: Nahrungsaufnahme, -zerkleinerung (Zähne, Einspeicheln), Geschmack (Zunge), KH-Verdauung (Speichel, Amylase); **Aufbau:** Milchgebiss mit 20, Dauergebiss mit 32 Zähnen; **Speicheldrüsen:** Ohrspeicheldrüse, Unterkiefer- und Unterzungendrüse bilden Mundspeichel.

Rachen (Pharynx)

Funktion: Schluckvorgang

Speiseröhre (Ösophagus)

- → **Bau:** ca. 25 cm lang
- → **Funktion:** Weitertransport der Nahrung

Magen (Gaster, Ventriculus)

- → **Lage:** linker Oberbauch, unterhalb des Zwerchfells, produziert ca. 1,5 l sauren Magensaft/Tag (pH 2); **Funktion:** Zerkleinerung, Durchmischung und Verflüssigung des Nahrungsbreis, Hormonbildung (Gastrin)
- → **Magensaft:** Bestandteile und deren Funktion:
  - Salzsäure (Keimabtötung)
  - Pepsin und Pepsinogen (Eiweißspaltung)
  - Schleim (Schutz des Magens)
  - Intrinsic Factor (Vitamin-B_{12}-Resorption)
- → **Erkrankungen:** Gastritis, Ulkus, Karzinom

Dünndarm

- → **Abschnitte:** Zwölffingerdarm (Duodenum), Leerdarm (Jejunum) und Krummdarm (Ileum)
- → **Funktion:** Einmündung von Gallen- und Bauchspeicheldrüsengang, enzymatische Aufspaltung der Nahrung, Resorption über Schleimhautfalten (→ Oberflächenvergrößerung), Neutralisation des sauren Speisebreis, Immunabwehr (durch lymphatisches Gewebe)

Dickdarm

- → **Abschnitte:** Blinddarm (Caecum) mit Wurmfortsatz (Appendix), aufsteigender (Kolon ascendens), querliegender (K. transversum) und absteigender Grimmdarm (K. descendens) sowie Sigma-Schleife (Sigmoid)
- → **Funktion:** Rückresorption von Wasser und Elektrolyten (→ Eindickung des Rest-Speisebreis), Vitamin-K-Produktion
- → **Erkrankungen:** Colitis ulzerosa, Kolon-Rektum-Karzinom, Appendizitis, Hämorrhoiden

Mastdarm (Rektum)

Reservoir für Stuhl (Fäzes), der dann über den After (Anus) ausgeschieden wird.

9.2 Leber (Hepar)

- **Lage:** rechter Oberbauch unterhalb des Zwerchfells, ca. 1,5 kg schwer, dreiecksförmig
- **Bau:** besteht aus vielen Leberläppchen; wird über die Leberarterie mit sauerstoffreichem Blut versorgt
- **Pfortader:** bringt sauerstoffarmes, aber nährstoffreiches Blut aus dem Magen-Darm-Trakt zur Leber
- **Funktion:** Entgiftung (Abbau von Alkohol und Medikamenten), Drüsenfunktion (Gallenproduktion), Stoffwechselfunktion (Eiweiß-, Kohlenhydrat- und Fettstoffwechsel), Eiweißsynthese (Gerinnungsfaktoren), Abbau von alten Erythrozyten (Bilirubinproduktion), Speicherfunktion (z. B. Glykogen)
- **Diagnostik:** Sono, Labor (Bilirubin, GOT [= AST], GPT [= ALT], AP, γ-GT, LDH)
- **Erkrankungen:** Entzündung (Hepatitis), Fettleber, Zirrhose, Tumore (meist Metastasen)

9.2.1 Hepatitis A, B, C

	Hepatitis A	Hepatitis B	Hepatitis C
Erreger (Viren)	HAV	HBV	HCV
Übertragungsweg	fäkal-oral, Schmierinfektion, „Reisehepatitis“, durch Muscheln, Austern, mit Fäkalien kontaminiertes Trinkwasser, Salate	parenteral über Körperflüssigkeiten, z. B. Blut, Blutprodukte, Stichverletzung, i. v.-Drogen; Geschlechtsverkehr, Geburtsverlauf Mutter → Kind, Piercing, Tätowierung	parenteral über Körperflüssigkeiten, v. a. Blut, Blutprodukte, i. v.-Drogen
Inkubationszeit im Durchschnitt (Maximalspanne)	30 (15–50) Tage	60–120 (45–180) Tage	7–8 (2–26) Wochen

	Hepatitis A	Hepatitis B	Hepatitis C
Symptome	unspezifisches Unwohlsein, Appetitlosigkeit, Krankheitsgefühl, Ikterus	1. unspezifisches Unwohlsein, Appetitlosigkeit, Krankheitsgefühl, 2. Ikterus	oft unauffällig, grippeähnlich
Verlauf	akut	akut oder chronisch	meist chronisch
Komplikationen	selten	Leberversagen, Leberzellkarzinom; Simultaninfektion mit Hepatitis-D-Virus	Leberzirrhose, Leberzellkarzinom
Diagnose	Leberwerte ↑, Bili ↑, Anti-HAV-IgM ↑ (Antikörpernachweis)	Leberwerte ↑, Antigen- (HBsAg) und Antikörpernachweis (HBc-IgM)	Antikörpernachweis, Virus-RNA-Nachweis; ggf. auch auf HIV und HBV testen
Therapie	Ruhe, symptomatische Behandlung	chronische Form: antivirale Therapie	antivirale Therapie
Schutzimpfung	aktiv und passiv	aktiv oder passiv	keine
Vorbeugung	separate Toiletten für Infizierte, Händehygiene, Schutzhandschuhe, Desinfektion	Impfung, Expositionsprophylaxe: Kondome, Schutzhandschuhe; Hygienemaßnahmen	Expositionsprophylaxe
Meldepflicht	Verdacht, Erkrankung und Tod	Verdacht, Erkrankung und Tod	Verdacht, Erkrankung und Tod

Sonstige Hepatitisformen

- Hepatitis D: oft als Simultaninfektion bei Hepatitis B
- Hepatitis E: fäkal-oral, relativ selten, meist spontane Ausheilung; Vorbeugung: wie Hepatitis A, aktive Impfung

9.2.2 Leberzirrhose

Durch langfristige Leberschädigung (meist Alkohol oder Virushepatitis B/C/D) wird Funktionsgewebe durch Bindegewebe ersetzt; Folge: Funktionsverlust.

- **Symptome** je nach Schweregrad: Leistungsminderung, Hautzeichen (Lackzunge, Weißnägel, Juckreiz), Gelbsucht (Ikterus), Blutungsneigung, Gehirnschädigung (Enzephalopathie) bis hin zum Koma
- **Diagnose:** Klinik, Sono, Labor
- **Komplikationen:** Ösophagusvarizenblutung (Notfall), Leberzellkarzinom
- **Therapie:** Alkoholabstinenz, keine leberschädigenden Medikamente, Behandlung der Grunderkrankung und Komplikationen; ggf. Transplantation

9.3 Bauchspeicheldrüse (Pankreas)

- **Bau und Lage:** im linken Oberbauch, Unterteilung in Kopf, Körper, Schwanz; besteht aus einem endokrinen (Hormon-) Anteil (Inselapparat: Insulin und Glukagon) und einem exokrinen Teil (Bauchspeichel)
- **Bauchspeichel** (alkalisch): dient der Fettverdauung (Lipase), Eiweißverdauung (Trypsin, Chymotrypsin) und Kohlenhydratverdauung (Amylase)
- **Erkrankungen:** Pankreatitis (Entzündung mit heftigsten Schmerzen, akutes Abdomen), Pankreaskarzinom, Diabetes mellitus
- **Diagnostik:** Labor (Amylase, Lipase im Serum), Ultraschall

9.4 Diagnostik

9.4.1 Stuhltest auf okkultes Blut

Test zum Nachweis kleiner Blutungen, die mit dem Auge nicht sichtbar (okkult) sind und Hinweis auf Darmkrebs (kolorektales Karzinom) oder Entzündungen (Kolitis, Divertikulitis) sein können. Quantitativ immunologische Tests (iFOBT/FIT) enthalten Antikörper auf menschliches Hämoglobin und können dieses bereits in geringsten Spuren nachweisen.

- **Vorteil:** einfache Anwendung, guter Screening-Test als Darmkrebsvorsorge 1x jährlich, keine Verfälschungen durch Nahrungsmittel wie beim früheren Hämoccult® Test
- **Durchführung:** zu Hause mit dem mitgelieferten Bürstchen über den Stuhlgang fahren, Probe verpacken und zeitnah beim Arzt abgeben; Analyse erfolgt im Labor. Empfohlen: vom 50. – 54. Lj. jährlich, ab 55. Lj. alle zwei Jahre (alternativ Koloskopie)

9.4.2 Endoskopie

Untersuchung von inneren Hohlräumen mit einer flexiblen Optik (Spiegelung) als verlängertes Auge → direkte Sicht und Möglichkeit der Biopsie.

Am häufigsten sind:

- **Gastro-Duodenoskopie** (Magenspiegelung bis Zwölffingerdarm), bei Verdacht auf Ulzera
- **ERCP** (endoskopisch retrograde Cholangiopankreatikografie), Kombination mit Kontrast-Röntgen; Möglichkeit, Gallensteine zu entfernen
- **Koloskopie** (Darmspiegelung) zur Darstellung des Dickdarms und terminalen Ileums, Diagnose von Divertikeln, Blutungen, Tumoren; Möglichkeit der Polypabtragung
- **Virtuelle Koloskopie:** Sonderform einer Computertomografie, kein endoskopisches Verfahren

9.4.3 Ultraschall (Sonografie)

Ultraschallwellen werden aus dem Schallkopf durch das Gewebe gesendet und an den Organgrenzen unterschiedlich reflektiert, ein Computer erstellt daraus ein Bild (Ausdruck, Speicherung digital). Gut geeignet für z. B. Leber, Gallenblase, Milz, (Sono Abdomen) oder beim Gynäkologen (z. B. Vaginal-Sono); **Gleitgel:** zur besseren Darstellung der Organe; **Vorbereitung:** ggf. Raum abdunkeln, Gel und Tücher zum Abwischen bereitstellen; **Vorteil:** auch für Schwangere ohne Risiko

10 Ernährung

Neben Wasser und Flüssigkeit muss der Mensch auch Nahrung aufnehmen, um die Körperfunktionen zu erhalten und seinen Energiebedarf (Grundumsatz Erwachsene ca. 2 000 kcal/Tag) und Nährstoffbedarf zu decken.

10.1 Makronährstoffe

Makronährstoffe dienen hauptsächlich der Energiedeckung und der Zufuhr von Schlüsselelementen, die 96 % der Körpermasse ausmachen:

C	Kohlenstoff
H_2	Wasserstoff
N	Stickstoff
O_2	Sauerstoff

10.1.1 Eiweiße (Proteine)

- **Funktion:** Bausteine der Körpersubstanz
- **Aufbau:** aus einzelnen Aminosäuren, Bausteine von Muskeln, Immun- und Gerinnungssystem, Enzymen
- **Vorkommen:** in Fleisch, Fisch, Käse, Eiern
- **Energiegehalt** 4 kcal/g
- **Verdauung:** Magensaft (Pepsin) und Bauchspeichel (Trypsin und Chymotrypsin)

10.1.2 Kohlenhydrate (Saccharide)

- **Funktion:** Energielieferanten
- **Einfachzucker** (Monosaccharide, z. B. Traubenzucker = Glukose, Fruchtzucker = Fructose) oder **Zweifachzucker** (z. B. Industriezucker = Saccharose), Vorkommen in Obst, Süßwaren
- **Vielfachzucker** (Polysaccharide) bilden aus Einfachzuckern lange Ketten, Speicherform für Kohlenhydrate, Vorkommen z. B. als Glykogen in der Leber, Stärke in Kartoffeln und Getreide
- **Vorkommen:** Nudeln, Reis, Kartoffeln, Brot, Getreide
- **Energiegehalt:** 4 kcal/g
- **Verdauung:** Mundspeichel (Ptylain), Bauchspeichel (Amylase)
- **Ballaststoffe** sind nicht verdauliche Polysaccharide (z. B. in Vollkornprodukten), sie sind keine Energielieferanten.

10.1.3 Fette (Lipide)

→ **Funktion:** Energiereserven und Zellaufbau
→ **Aufbau:** aus Fettsäure und Glyzerin; je nach Aufbau der Fettsäuren unterscheidet man gesättigte und einfach oder mehrfach ungesättigte Fettsäuren
→ **Vorkommen:** Fette mit gesättigten Fettsäuren v. a. in tierischen Lebensmitteln (z. B. Butter, Sahne oder versteckt in Wurst, Käse), Fette mit ungesättigten Fettsäuren v. a. in Pflanzenölen, Nüssen, Fisch
→ **Energiegehalt:** 9 kcal/g
→ **Verdauung:** Gallensäuren emulgieren, Bauchspeichel (Lipase)

10.2 Mikronährstoffe

10.2.1 Mineralstoffe

Mengenelemente machen etwa 3 % der Körpermasse aus, z. B. Natrium (Wasserhaushalt), Kalium (Herzschlag), Kalzium (Knochen):

Ca^{2+}	Kalzium
Cl^{-}	Chlorid
$HPO4^{2-}$	(Hydrogen)-Phosphat
K^{+}	Kalium
Mg^{2+}	Magnesium
Na^{+}	Natrium

Spurenelemente wie Zink (Immunsystem), Jod (Schilddrüsenhormone) kommen nur in Spuren im menschlichen Körper vor:

Fe^{2+}	Eisen
J^{-}	Jod
Se	Selen
Zn	Zink

Mineralstoffe liegen in wässrigen Lösungen oft als geladene Teilchen vor (Ionen; positiv geladen: Kationen, negativ geladen: Anionen) und werden auch **Elektrolyte** genannt.

10.2.2 Vitamine

Fettlösliche Vitamine

Vitamin	Funktion	Vorkommen	Mangel
A	Sehkraft, Hautpigment	Milchprodukte, Karotten	Nachtblindheit
D	Knochenaufbau	Milchprodukte, Brokkoli, Eigelb	Rachitis
E	Zellschutz	Pflanzenöle	
K	Blutgerinnung	Leber, grünes Gemüse	

Wasserlösliche Vitamine

<table>
<tr><th>Vitamin</th><th>Funktion</th><th>Vorkommen</th><th>Mangel</th></tr>
<tr><td>B_1</td><td rowspan="4">Bestandteil von Enzymen, B_{12}: Erythrozyten</td><td rowspan="4">Fisch, Leber, Milchprodukte, grüne Gemüse</td><td>Neuropathie</td></tr>
<tr><td>B_2</td><td></td></tr>
<tr><td>B_6</td><td></td></tr>
<tr><td>B_{12}</td><td>Anämie</td></tr>
<tr><td>C</td><td>Immunsystem</td><td>Obst, Gemüse, Sanddorn</td><td>Infektanfälligkeit, Skorbut</td></tr>
</table>

10.3 Gesunde Ernährung

Ernährungspyramide

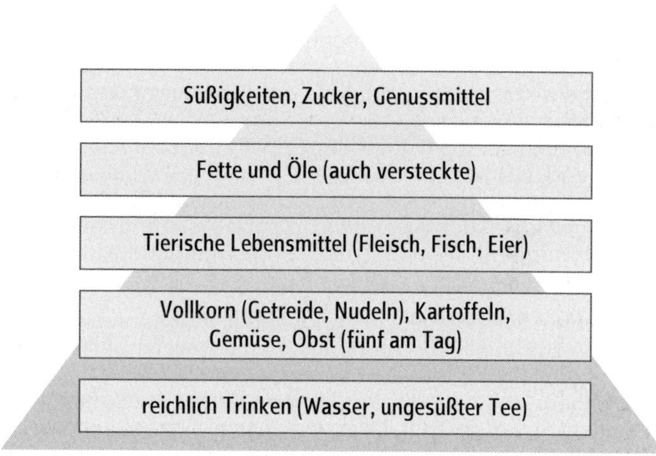

DGE-Empfehlungen: von den Lebensmitteln an der Basis der Ernährungspyramide reichlich, zur Spitze hin immer weniger essen

Allgemein gilt: vielseitig, vollwertig, auf Bewegung und Entspannung achten; Basis der Pyramide: viel; je weiter oben desto weniger; Spitze der Pyramide: sehr wenig

Körpergewicht

$$\text{BMI (Body-Mass Index)} = \frac{\text{Körpergewicht [kg]}}{\text{Körperlänge} \cdot \text{Körperlänge [m}^2\text{]}}$$

Normalwert: 20–25 kg/m^2

- → **Risiken von Übergewicht:** Hypertonie, Diabetes mellitus Typ II, erhöhte Blutfettwerte mit Gefahr der Arteriosklerose, Arthrose
- → **Andere Beurteilungswerte:** Taille-Hüftumfang-Verhältnis, Körperfettmessung

10.4 Diabetes mellitus

10.4.1 Beschreibung

→ Man unterteilt nach Art des Insulinmangels in:

- **Typ I:** absoluter Insulinmangel, insulinpflichtig, häufig schlanke, junge Menschen, plötzlicher Beginn mit hyperglykämischem Koma; Therapie: Insulingabe; Erkrankungszahlen konstant
- **Typ II:** relativer Insulinmangel, Erkrankungszahlen stark steigend, häufig mittleres oder höheres Lebensalter, enger Zusammenhang mit Lebensstil, ungesunder Ernährung und Übergewicht; Therapie: Gewichtsnormalisierung, gesunde Ernährung und Bewegung, ggf. orale Antidiabetika und erst zuletzt Insulingabe

→ **Allgemeine Symptome:** Leistungsabfall, Infektanfälligkeit, Neigung zu Haut- und Wundinfekten, Furunkeln, gesteigerter Durst und Polyurie, schlecht heilende Wunden

→ **Spätfolgen:** Makroangiopathie (Arteriosklerose mit Gefahr von Schlaganfall, Herzinfarkt), Mikroangiopathie (Schädigung der kleinen Blutgefäße insbesondere der Niere, der Netzhaut und Füße), Neuropathie (Schädigung der Nerven, besonders in den Beinen mit Gangstörungen), Fettleber (mit erhöhten Blutfettwerten)

→ **Akute Gefahren:** Hypoglykämie (Unterzuckerung) Notfall → sofort Zucker verabreichen

→ **Therapie:** bei Typ I immer Insulingabe (Pen, Pumpe); bei Typ II zunächst Gewichtsnormalisierung, Lebensstiländerung, dann ggf. orale Antidiabetika und zuletzt Insulingabe

10.4.2 Diagnose

→ **BZ-Messung:** Nüchtern-BZ, Tagesprofil (nüchtern und je zwei Stunden nach den Hauptmahlzeiten)

→ **Oraler Glukosetoleranztest** (oGTT): Patienten können nüchtern sein, BZ-Bestimmung, dann Lösung mit 75 g Glukose zügig trinken, BZ-Wert nach zwei Stunden sollte < 140 mg/dl sein

→ **HbA1c:** Langzeitbewertung der Blutzuckersituation über die letzten zwölf Wochen

10.4.3 DMP (Disease-Management-Programm)

GKVs bieten diese strukturierten Behandlungsprogramme zur optimalen Versorgung von Patienten mit chronischen Krankheiten an.

So sollen Folgeerkrankungen vermieden und langfristig Kosten eingespart werden („Chronikerprogramme"). Neben DMPs für Diabetes mellitus (Typ I und II) gibt es auch DMPs für Brustkrebs, KHK, Asthma und COPD.

Besonderheiten: Freiwillig für Patienten, durchführender Arzt (= koordinierender Arzt) muss bestimmte Qualifizierungen erfüllen, führt Dokumentationsbögen über Anamnese, Befunde, Behandlungsplan und -ziele, Schulungen. Abrechnung außerhalb der budgetierten Gesamtvergütung nach Symbolnummern, regional unterschiedlich (→ Landes-KV); Übermittlung der Dokumentation erfolgt elektronisch (eDMP).

10.4.4 Weitere Stoffwechselerkrankungen

- **Gicht:** erhöhte Harnstoffspiegel im Blut, Folge: Gelenkentzündungen durch Ablagerung von Harnstoffkristallen; Ursache: ernährungsbedingt (viel Fleisch und Alkohol, Fasten), Nierenstörung oder erbliche Veranlagung; Symptome: schmerzhafte Gelenkentzündung, typischerweise am Großzehengrundgelenk; Therapie: Medikamente, Ernährungsumstellung (Reduktion von Fleischprodukten, Alkohol und Kaffee), Gewichtsnormalisierung
- **Metabolisches Syndrom:** Kombination von Diabetes mellitus Typ II mit erhöhten Blutfettwerten und Bluthochdruck

11 Niere (Ren) und ableitende Harnwege

11.1 Bau und Funktion

- **Aufbau:** Die Nieren sind paarig und bohnenförmig in eine Fettkapsel (Schutz) eingebettet. Sie bestehen aus einer äußeren Kapsel (Schutz), der Rinde (Glomeruli, Harnproduktion) und dem Mark (innen gelegen, Henle-Schleife, Wasserrückresorption). Am Nierenhilus treten die Nierenarterie ein (Sauerstoffversorgung) und die Nierenvene sowie die Harnleiter aus.

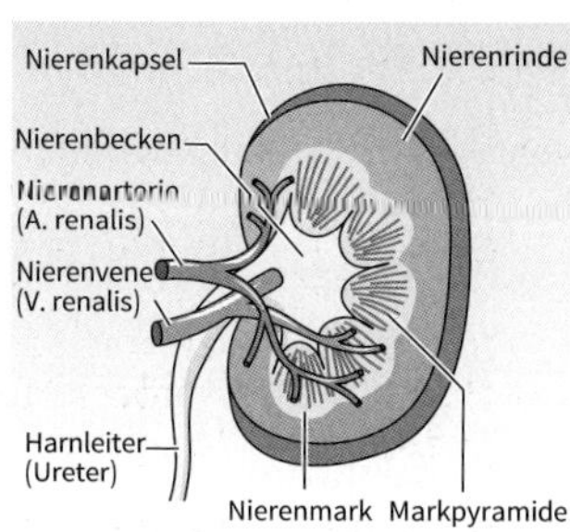

- **Lage:** Die Nieren liegen hinter dem Bauchraum (retroperitoneal), rechts und links von der Wirbelsäule, die linke etwas höher als die rechte. Auf den Nieren sitzen die Nebennieren (Hormondrüsen) wie kleine Mützchen.

Als **Harntrakt** bezeichnet man die beiden Nieren, die beiden Harnleiter (Ureteren), die Harnblase (Vesica urinaria) und die Harnröhre (Urethra), nicht dazu gehören die Nebennieren. Eine **Funktionseinheit der Niere** (Nephron) besteht aus dem Nierenkörperchen (Glomerulus) und den Nierenkanälchen (Tubulusapparat).

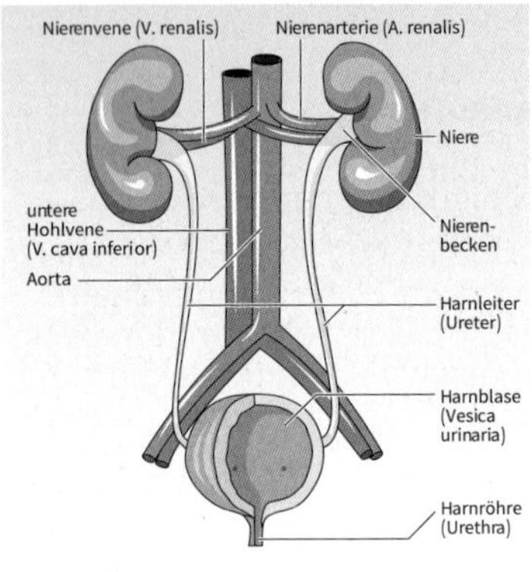

Harntrakt

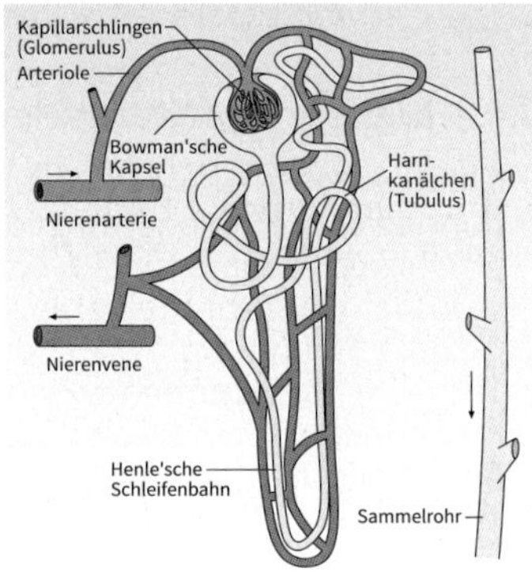

Funktionseinheit der Niere

In den Nierenkörperchen wird aus dem Blut durch Druckfiltration der Primärharn abgefiltert (ca. 180–200 l pro Tag). Im Tubulusapparat, insbesondere in der Henle-Schleife, werden dann wieder 99 % des Wassers rückresorbiert, sodass am Ende nur ca. 1,8–2 l (endgültiger) Sekundärharn übrig bleiben, der in der Harnblase gesammelt und über die Harnröhre ausgeschieden wird.

Man unterscheidet:

- **Primärharn** ist ähnlich zusammengesetzt wie Blutplasma, aber bei gesunder Niere ohne große Moleküle wie z. B. Eiweiße.
- **Sekundärharn** dagegen ist hochkonzentriert und enthält bei Gesunden keine Glukose mehr, die im Tubulusapparat rückresorbiert wird. Bei hohen Blutzuckerwerten kann nicht alles rückresorbiert werden und es wird Glukose über den Urin mit ausgeschieden (→ Diabetiker).

Gesunder Urin

- enthält Wasser (95 %), Stoffwechselprodukte (Kreatinin, Harnstoff, Harnsäure), Elektrolyte (Natrium-, Kalium-, Calcium-, Chlorid-, Phosphat- und Ammonium-Ionen), wenige Zellen aus Abschilferungen und Urobilin(-ogen) (aus dem Hämoglobinabbau);
- sollte gelblich, klar und geruchsarm sein.

11.2 Erkrankungen

11.2.1 Harnwegsinfekt („Blasenentzündung")

- **Beschreibung:** meist bakterielle Entzündung der Harnblase (Cystitis); bei Frauen häufiger (Frauen: kürzere Harnröhre 3–5 cm, Männer: 20–25 cm)
- **Ursachen/Prädisposition:** Darmbakterien (durch falsche Intimhygiene, Inkontinenz), Schwangerschaft, häufiger Geschlechtsverkehr, Unterkühlung, Blasendauerkatheter
- **Symptome:** Brennen beim Wasserlassen (Dysurie), häufiger Harndrang bei kleinen Portionen (Pollakisurie), ggf. Fieber, Schmerzen; Urin kann übel riechen, verfärbt sein oder ausflocken
- **Diagnostik:** Anamnese, Urinstatus und -sediment (Stix: Erythrozyten, Leukozyten und Nitrit positiv), ggf. Urinkultur und Hemmstofftest anlegen
- **Therapie:** reichlich Flüssigkeit zuführen (2–3 l Wasser oder Tee pro Tag), Warmhalten, ggf. Antibiotika; Therapieabschluss: Kontrolluntersuchung
- **Komplikationen** durch Aufsteigen des Infektes mit Nierenbeteiligung: Nierenbeckenentzündung (akute Pyleonephritis), die sich durch hohes Fieber, Schüttelfrost und Flankenschmerzen zeigt, wird mit Antibiotika, Bettruhe und Wärme therapiert. Bei häufigen oder chronischen Nierenbeckenentzündungen kann die Nierenfunktion Schaden nehmen.
- **Vorbeugung:** ausreichend trinken, richtige Intimhygiene, Unterkühlung vermeiden, ggf. kann Cranberry-Saft helfen

11.2.2 Weitere Erkrankungen

- **Glomerulonephritis:** Entzündungen der Nierenkörperchen, aber ohne Erreger; Symptome: Eiweiß im Urin
- **Niereninsuffizienz:** Die Nierenfunktion (Filterleistung) lässt nach, z. B. durch langjährigen Diabetes mellitus, dadurch

reichern sich Stoffwechselprodukte und Elektrolyte im Blut an. Je nach Ausmaß kommt es zur Harnvergiftung (Urämie) mit Gefahr von Herzrhythmusstörungen, im Endstadium muss regelmäßige Dialyse (Blutwäsche) oder eine Transplantation durchgeführt werden.
- **Nierensteine** (Nephrolithiasis): durch Kristallbildung, z. B. Calciumoxalat; gefördert durch pH-Schwankungen, Flüssigkeitsmangel, Infekte und Diabetes mellitus; Symptome: bei Abgang in Harnleiter heftige Koliken, Blut im Urin, Übelkeit; Diagnose: Anamnese, Untersuchung, Labor, Ultraschall, Röntgen (Urogramm); Therapie: Medikamente, ESWL (Stoßwellentherapie), ggf. OP

11.2.3 Häufige Begriffe

- **Hämaturie:** Blut im Urin; geringe Blutmengen ohne sichtbare Verfärbung (Mikrohämaturie) oder größere mit rötlichem Urin (Makrohämaturie)
- **Harninkontinenz:** unfreiwilliger Harnabgang
- **Pyurie:** eitriger, trüber Urin
- **Reduzierte Harnmenge:** Oligurie (100–500 ml/Tag), Anurie bei unter 100 ml/Tag
- **Erhöhte Harnmenge:** Polyurie mehr als 3 l/Tag

11.3 Urindiagnostik

Nachweis von z. B. Infekten (Mittelstrahlurin), Drogen, Schwangerschaft (Spontanurin), Nierenfunktion und Katecholaminen (24-Std.-Sammelurin, ggf. mit Zusätzen)

11.3.1 Probengewinnung

- **Mittelstrahlurin:** Set verwenden, gründliche Hände- und Intimhygiene, erste Portion Urin in die Toilette laufen lassen, dann den sterilen Auffangbehälter in den Strahl halten, letzte Portion Urin wieder in die Toilette laufen lassen
- **Sammelurin:** Beginn morgens nach dem ersten Morgenurin, endet mit Morgenurin des nächsten Tages; Sammelbehälter: lichtundurchlässig und verschließbar

11.3.2 Urinstatus

Makroskopische Beurteilung (Aussehen, Geruch) und Teststreifen (z. B. Combur10®) mit semiquantitativem Nachweis von:

Parameter	Normalwerte	Veränderung/Hinweis auf ...
Spezif. Gewicht	1010–1025	↑ Dehydratation
pH	5–8	↑ Harnwegsinfekt, alter Urin, Ernährung ↓ Diabetes mellitus
Leukozyten	–	↑ Harnwegsinfekt
Nitrit	–	↑ Harnwegsinfekt mit gramnegativen Erregern (z. B. E. coli)
Eiweiß	–	↑ eingeschränkte Nierenfunktion, körperliche Anstrengung, Tumore, Hypertonie, Präklampsie
Glukose	–	↑ Diabetes mellitus, Schwangerschaft
Ketone	–	↑ Diabetes mellitus, Hungerdiät
Urobilinogen	(+) Spuren	↑ Lebererkrankung
Bilirubin	–	↑ Gelbsucht, Lebererkrankung
Erythrozyten, Hb	–	↑ Entzündung, Verletzung, Tumore des Harntraktes, Menstruationsblut

- **Durchführung:** Teststreifen mit frischem Urin benetzen, überschüssigen Urin abstreifen, nach 60 Sek. ablesen, ggf. abweichende Herstellerangaben beachten
- **Zweck:** schnelle Hinweise auf Diabetes mellitus (Glukose, Ketone), Harnwegsinfekte (Nitrit, Blut, Leukozyten, pH), Lebererkrankungen, z. B. Hepatitis (Bilirubin, Urobilinogen)
- **Fehlerquellen:** Ablesezeit nicht eingehalten, Teststreifen abgelaufen, falsch gelagert oder falsch angewendet, keine Qualitätskontrolle

11.3.3 Urinsediment

- **Nachweis:** Zellen, Zylinder und Kristalle im Urin bei auffälligem Urinstix
- **Durchführung:** 12 ml frischen Morgenurin zentrifugieren (1 500 rpm, 5 Min.), Überstand abpipettieren und vom Bodensatz einen Tropfen auf einen Objektträger überführen, mit Deckglas abdecken; mit dem 10x-Objektiv grob suchen, dann mit 40x-Objektiv etwa 20–30 Blickfelder untersuchen; Ergebnis in Zellen/Gesichtsfeld

Bestandteile

Bestandteile	Gesunder Urin	Verändert bei
Plattenepithelzellen	bis 15	–
Nieren- und Rundepithelien	0	Nierenentzündungen
Erythrozyten	0–1	Verletzung, Entzündungen, Tumore, Steinleiden
Leukozyten	0–2, bei Frauen bis 5	Harnwegsinfekte
Bakterien	0	Harnwegsinfekte, Verunreinigung
Hefen	0	Pilzinfektionen, Verunreinigung
Zylinder:		
hyaline Zylinder	vereinzelt	körperliche Anstrengung, Schock, OP
Wachszylinder (Insuffizienz-Zylinder)	0	Nierenschädigung
Erythrozyten-Zylinder	0	akute Glomerulonephritis
Leukozyten-Zylinder	0	Pyelonephritis
Kristalle:		
Tripelphosphat „Sargdeckel“	alkalischer Harn	Harnwegsinfekte
Calciumoxalat „Briefkuvert“	saurer Harn	Harnsteine
Harnsäure (in verschiedenen Formen)	ggf. im sauren Harn	Gicht, Steinleiden
Cholesterin	–	selten, schwere Harnwegsinfekte, Nierenentzündungen, -verletzungen
Tyrosin und Leucin	–	Lebererkrankungen

11.3.4 Weitere Urinuntersuchungen

- **Micral-Test:** Teststreifen zum Nachweis kleinster Eiweißmengen im Urin (Mikroalbuminurie, ab 20 mg/l); zur Früherkennung einer Nierenschädigung bei Bluthochdruck oder Diabetes mellitus
- **Addis-Count:** Nachweis von Hämaturie, durch Auszählung der Erythro- und Leukozyten; heute nicht mehr gebräuchlich
- **HCG-Test:** Schnelltest(streifen)-Systeme zum Schwangerschaftsnachweis
- **Urinkultur:** zum Erregernachweis bei Infekten (Keimzahl über 100 000/ml); Nährboden vollständig mit Urin benetzen und bei 37 °C bebrüten oder ins Labor, geeignet sind Mittelstrahl- oder Einmalkatheter-Urin

12 Geschlechtsorgane und Fortpflanzung

12.1 Geschlechtsorgane des Mannes

12.1.1 Bau und Funktion

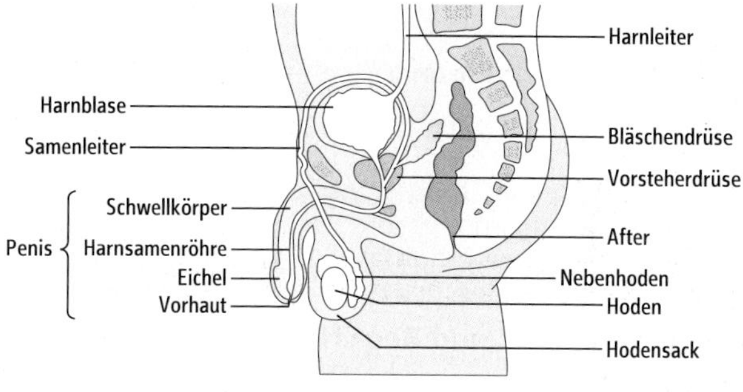

Äußere Geschlechtsorgane

- Männliches Glied (**Penis**)
- Hodensack (**Skrotum**) enthält die Hoden und sorgt für die richtige Temperatur zur Spermienbildung.

Innere Geschlechtsorgane

- **Hoden** (Ez.: Testis, Mz.: Testes) bilden die Samenzellen (Spermien) und männlichen Geschlechtshormone (Testosteron, Oberbegriff: Androgene).

- **Nebenhoden** (Epididymis) ist für die Reifung und Speicherung der Samenzellen verantwortlich.
- **Samenleiter**
- **Geschlechtsdrüsen:** Samenbläschen, Vorsteherdrüse (Prostata) und Cowper-Drüsen, die die Samenflüssigkeit produzieren (Sperma)

12.1.2 Erkrankungen

Prostatatumore

- Bei vielen Männern im mittleren und höheren Alter vergrößert sich die Prostata. Man unterscheidet:
  - **Prostataadenom** (bzw. -hyperplasie), eine gutartige Vermehrung der Prostatazellen und
  - **Prostatakarzinom,** häufigster Krebs bei Männern, jedoch meist langsam wachsend.
- **Symptome:** bei beiden Erkrankungen ähnlich, Probleme beim Wasserlassen (häufig, wenig, oft auch nachts) und Restharnbildung; Komplikation: Harnwegsinfekte, beim Karzinom auch Metastasierung
- **Typische Untersuchungen:**
  - Rektale Tastuntersuchung: Karzinome sind häufig unregelmäßig, knotig
  - Rektaler Ultraschall: Bildgebung, Größe und Struktur
  - PSA-Bestimmung im Blut: prostataspezifischer Wert, der bei bösartigen Tumoren erhöht ist
  - Biopsie: Gewebsuntersuchung auf Entartungsgrad der Zellen

Weitere Erkrankungen und Begriffe

- **Hodenkrebs:** v. a. bei jungen Männern, bösartige Erkrankung des Hodengewebes
- **Beschneidung** (Zirkumzision): Kürzung oder Entfernung der männlichen Vorhaut, häufig bei Kindern aus religiösen bzw. kulturellen Gründen oder bei Phimose (Vorhautverengung)
- **Sterilisation:** Durchtrennung der Samenleiter; Hormonproduktion, Sexualverlangen und Potenz bleiben erhalten
- **Kastration:** durch Medikamente (Antiandrogene) oder Operation (Hodenentfernung); es kommt zu körperlichen Veränderungen, Sexualverlangen lässt nach

12.2 Geschlechtsorgane der Frau

12.2.1 Bau und Funktion

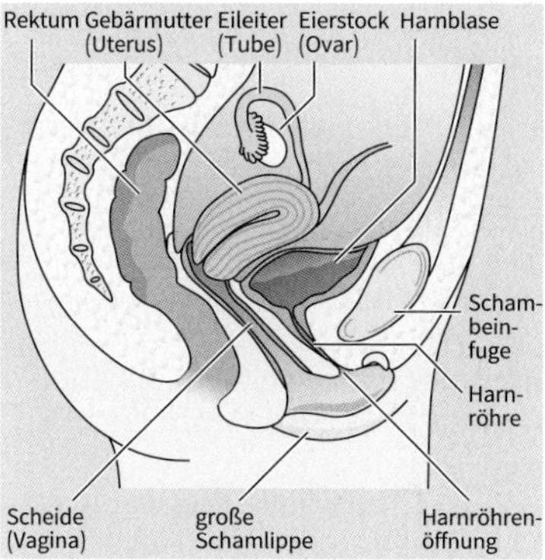

weibliche Geschlechtsorgane (Seitenansicht)

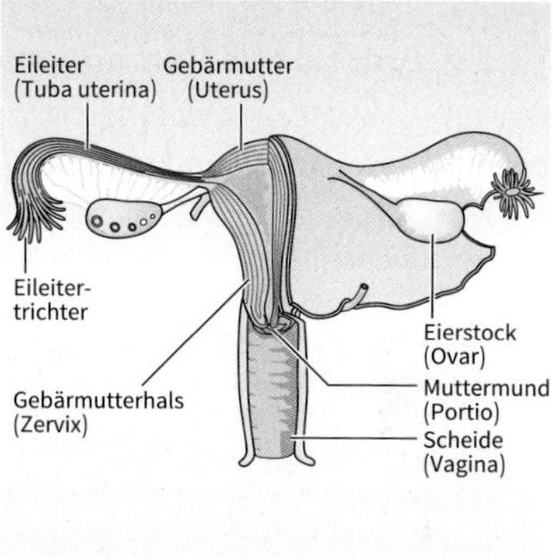

innere weibliche Geschlechtsorgane

Äußere Geschlechtsorgane (Vulva)

- **Schamlippen** (große und kleine Labien)
- **Scheidenvorhof** (Vestibulum) mit Mündung der Harnröhre und der **Vorhofdrüsen** (Bartholinische Drüsen)
- **Kitzler** (Klitoris)
- **Weibliche Brust** (Mamma) besteht aus Brustdrüsen (Milchproduktion in der Stillzeit) sowie Fett- und Bindegewebe. Mittig bildet die Brustwarze (Mammille) die Mündung der Milchgänge.

Innere Geschlechtsorgane

- **Eierstöcke** (Ovarien) produzieren die Hormone Östrogen und Progesteron und sind Ort der Follikel- und Eireifung.
- **Eileiter** (Ez.: Tuba, Mz.: Tuben) fangen über den Fimbrientrichter das Ei und leiten es von den Eierstöcken zur Gebärmutter.
- **Gebärmutter** (Uterus) ist faustgroß und wird weiter unterteilt in einen Gebärmutterkörper (Korpus), -hals (Zervix) und -mund (Portio), den untersten Teil des Halses. Die **Gebärmutterwand** ist eine dicke Muskelwand (Myometrium), innen mit dem sog. Endometrium ausgekleidet, das sich während des Zyklus aufbaut und bei der Menstruation abgestoßen wird.

Funktion: beherbergt in der Schwangerschaft den Embryo bzw. Fötus und ist am Aufbau der Plazenta beteiligt
- **Scheide** (Vagina): Verbindung zwischen Uterus und Außenwelt, Aufstiegskanal für Spermien

12.2.2 Brustkrebs (Mammakarzinom)

Häufigste Krebserkrankung bei Frauen, meist während der Wechseljahre oder (bei familiärer Häufung) auch schon deutlich früher.

- **Hinweise:** tastbare, nicht verschiebliche Knoten in der Brust, Veränderungen der Brustform, des Brustumfang und der Brustwarze, Veränderungen der Hautstruktur, Absonderungen aus der Brustwarze
- **Risikofaktoren:** Hormonersatztherapie, Lebensweise (Alkohol, Rauchen, Ernährung), Umweltfaktoren (z. B. Strahlenbelastung), genetische Disposition
- **Diagnose:** Tastbefund, Mammografie, Ultraschall, Biopsie (Grad der Entartung), Untersuchungen Lymphknotenbefall (Achsel- und Schlüsselbeinregion) und Metastasen (z. B. Lunge, Knochen, Leber)
- **Therapie:** OP, Strahlen- und Chemotherapie, ggf. Anti-Hormontherapie
- **Komplikationen:** sehr frühe Metastasierung auf dem Lymph- und Blutweg, Wachstum des Tumors nach außen
- **Prognose:** abhängig vom Ausmaß bei Diagnose, je früher desto besser
- **Besonderheiten:** nach Brustkrebs-OP keine Blutentnahme oder Blutdruckmanschette auf der betroffenen Seite

Brustselbstuntersuchung:

- Einmal monatlich, am besten an den letzten Tagen der Regelblutung
- **Vorgehen:**
  - **Spiegel:** Arme heben und Brust sowie Achseln auf Veränderungen betrachten
  - **Im Stehen:** Brust und Brustwarze mit der flachen (gegenseitigen) Hand im Uhrzeigersinn abtasten. Die Brust dabei in Viertel (Quadranten) teilen und von außen zur Mitte hin untersuchen, danach die Achselregion abtasten.
  - **Im Liegen:** Untersuchung wiederholen

12.2.3 Zervixkarzinom

Bösartiger Tumor, meist im Bereich des Muttermundes (Portio). Risikofaktoren sind humane Papillomaviren (**HPV**), die durch ungeschützten Sexualverkehr übertragen werden. Für Mädchen zwischen 12 und 17 Jahren besteht die Möglichkeit einer **Schutzimpfung** vor dem ersten Geschlechtsverkehr.

12.2.4 Gynäkologische Untersuchung

- **Gynäkologische Untersuchung:** Anamnese, vaginale Untersuchung, Zervix-Abstrich (Pap-Abstrich), Beratungsgespräch (Merkblatt gestützt, „Chronikerregel")
- **Vorbereitung:** Akte, Handschuhe, Spekula oder Kolposkop; Abstrich: Watteträger, Objektträger, Fixierspray, Bleistift; rektale Untersuchung: Fingerling, ggf. Testbriefchen Hämoccult®

12.2.5 Hinweise zur Leistungsabrechnung

- Neben Gynäkologen dürfen auch Hausärzte, die schon mind. seit 2002 die Früherkennung abrechnen oder eine mind. 1-jährige Fortbildung in Gynäkologie haben, diese nach EBM abrechnen.
- EBM: Zytologische Untersuchungen müssen vom Zytologen durchgeführt werden oder der untersuchende Arzt muss eine entsprechende Genehmigung der KV nachweisen. Die Dokumentation erfolgt auf einem speziellen Vordruck (#39), der zur Befundung und Abrechnung dient (Befundaufbewahrung: fünf Jahre).
- Chroniker-Richtlinie: Frauen, die nach dem 01.04.1987 geboren sind, müssen über Krebsfrüherkennungsmaßnahmen beraten werden (Merkblatt, Bescheinigung), abrechnungsfähig.
- GOÄ: umfasst die Tastuntersuchung der Brust, des Rektums und der Haut einschl. Anamnese, Untersuchung auf Blut im Stuhl, Urinstix. Keine Altersabstufungen oder offizielle Vordrucke für Zytologie, keine gesonderte Beratungsabrechnung, Materialien sind eingeschlossen.

12.3 Schwangerschaft und Geburt

12.3.1 Der weibliche Zyklus

In der Regel dauert ein Zyklus 28 (bis 35) Tage. Dabei unterscheidet man drei Phasen, gerechnet ab dem ersten Tag der Blutung:

Phase	Hormonaktivität und -drüse	Funktionen und Abläufe
Abstoßungsphase, Regelblutung, ca. 1.–4. Tag		Abstoßung der Gebärmutterschleimhaut (Endometrium), wenn kein befruchtetes Ei einnistet
Proliferations- oder Aufbauphase, erste Zyklushälfte, ca. 5.–14. Tag	FSH (HVL)	stimuliert die Follikelreifung und Östrogenproduktion in den Ovarien
	Östrogen (Ovarien)	steuert den Wiederaufbau des Endometriums und die Eireifung
Eisprung (Ovulation), Zyklusmitte, ca. 15. Tag	LH, FSH (HVL)	stimulieren Eisprung
	Progesteron (Gelbkörper, Ovarien)	Anstieg der Körpertemperatur um ca. 0,5 °C
Sekretionsphase, zweite Zyklushälfte, ab dem Eisprung bis zur nächsten Blutung	Progesteron (Gelbkörper, Ovarien)	Wachstum und Vorbereitung der Gebärmutterschleimhaut auf die Einnistung eines befruchteten Eis bzw. Embryos

Häufige Begriffe:

- **Menarche:** erstmalige Regelblutung, meist um das 12. bis 14. Lebensjahr
- **Menopause:** letzte Regelblutung meist zwischen dem 45. und 50. Lebensjahr. (Später auftretende Blutungen können auf Tumore hindeuten.)
- **Klimakterium:** Wechseljahre, Zeit mit hormoneller Umstellung auf das Alter, Nachlassen der Eierstockfunktion mit Hitzewallungen, Nervosität, Reizbarkeit, Stimmungsschwankungen, Gewichtszunahme und Schlafstörungen
- **Blutungsstörungen:** Amenorrhoe (Ausbleiben der Blutung), Hypo- (zu schwache) oder Hypermenorrhoe (zu starke Blutung), Dysmenorrhoe (schmerzhafte Blutung)

- **Follikel** (Eibläschen) reifen während des Zyklus im Eierstock heran und bilden Östrogen. **Eisprung:** Das Ei „springt" aus dem Follikel und wandert über den Eileiter zur **Gebärmutter.** Verbleibende Hülle: Gelbkörper, der Progesteron (Gelbkörperhormon) produziert.

12.3.2 Schwangerschaftsverhütung

Methoden:

- **Hormongaben,** die den Eisprung der Frau unterdrücken: **„Pille"**: tägliche Östrogeneinnahme, bei regelmäßiger Einnahme sehr sicher; **Implantat:** Hormonstäbchen wird unter die Haut gesetzt; **Dreimonatsspritze:** Depotgabe von Hormonen; **Minipille:** tägliche Einnahme eines Östrogen-/Gestagenpräparates
- **Kondome:** Sicherheit hängt stark von Anwendungsfehlern ab, einziges Verhütungsmittel, das auch vor sexuell übertragenen Krankheiten schützt
- **Spirale** (IUP): Fremdkörper in der Gebärmutter verhindert die Einnistung des Eis, relativ sicher
- **Natürliche Methoden:** Temperaturmethode, Kalendermethode, Coitus interruptus, alle sehr unsicher
- **Sterilisation:** Durchtrennung der Eileiter (Frau) oder der Samenleiter (Mann), in der Regel endgültig, sehr sicher

12.3.3 Schwangerschaft (Gravidität)

Nach der Befruchtung nistet sich das Ei in die Gebärmutter ein. Nach mehreren Teilungen beginnt die Anlage der Organe bis zur 10. SSW, solange spricht man vom **Embryo.** Danach wachsen und reifen die Organe, man spricht vom **Fötus** (11. SSW bis zur Geburt).

Veränderungen in der Schwangerschaft, eingeteilt in drei Trimester:

Trimester	Mutter	Embryo/Fötus
Erstes Trimester	hormonelle Umstellung, Müdigkeit, morgendliche Übelkeit und Erbrechen	Organanlagen, Schwangerschaftsabbruch bis zur 12. SSW straffrei möglich
Zweites Trimester	Zunahme von Bauchumfang, Brüsten und Gewicht	Wachstum und Ausreifung der Organe
Drittes Trimester	Umfangszunahme	Wachstum, Ausreifung von Lunge und Gehirn, Geburtsreife

Schwangerschaftsprobleme und -erkrankungen:

- **Fehlgeburt** (Abort): Absterben der Frucht, meist in den ersten acht SSW, bis etwa zur 24. SSW, das Ungeborene ist nicht lebensfähig, wiegt unter 500 g
- **Frühgeburt:** vorzeitige Geburt vor der 37. SSW eines lebensfähigen Kindes, mit intensivmedizinischer Hilfe ab etwa 500 g Geburtsgewicht
- **Extrauteringravidität:** das befruchtete Ei nistet sich in den Eileiter oder in die Bauchhöhle ein; Symptome: starke Schmerzen; lebensgefährlich
- **Schwangerschaftsdiabetes:** erhöhte Blutzuckerwerte in der Schwangerschaft, kann zu Komplikationen führen
- **EPH-Gestose:** „Schwangerschaftsvergiftung" mit Proteinurie, Ödembildung und Blutdruckerhöhung. Bei schwerem Verlauf kann es auch zu Krampfanfällen kommen (Eklampsie) → Gefahr für Mutter und Kind!

12.3.4 Geburt

- **Regeldauer der Schwangerschaft:** 40 Wochen oder 270 Tage
- **Errechnung des Geburtstermins:** 1. Tag der letzten Regelblutung + 7 Tage – 3 Monate + 1 Jahr
- **Geburt:** Wehentätigkeit durch das HVL-Hormon Oxytocin, Muttermund öffnet sich, Fruchtblase platzt, Abstoßung der Plazenta (Nachgeburt); Dauer ca. zwölf Std., bei Erstgebärenden auch länger
- **Nach der Geburt:** Rückbildung der Gebärmutter, Milcheinschuss, Wochenfluss (Lochien), Hormonumstellung
- **Mögliche Probleme:**
  - **Wochenbettfieber:** Infektion der Gebärmutter mit hohem Fieber, Schmerzen und Gefahr der Sepsis
  - **Wochenbettdepression:** durch die Hormonumstellungen nach der Geburt

12.3.5 Diagnostik in der Schwangerschaft

- **Pränataldiagnostik:** freiwillige Untersuchungen auf mögliche Krankheiten oder Behinderungen des Kindes (z. B.: Amniozentese – Fruchtwasseruntersuchung auf Chromosomenanomalien, Nackentransparenz, Triple-Test)
- **Mutterschaftsvorsorge** soll Probleme und Risiken für Mutter und Kind rechtzeitig erkennen, alle werdenden Mütter haben Anspruch darauf. Zu den Leistungen gehören:

- **Bei Beginn der Schwangerschaft:** Feststellung, Mutterpass, Anamnese, Beratung, Labor: Hb, Blutgruppe, Rhesusfaktor, Röteln, Lues, HIV (optional), Zervix-Abstrich: Chlamydien-Nachweis
- **Gravidogramm** (alle vier Wochen, ab 32. SSW alle zwei Wochen): Gewicht, Blutdruck, Urin auf Eiweiß, Zucker, Infektion, Hb-Bestimmung, Gebärmutterstand, CTG ab 22. SSW, Kindslage
- **Ultraschalluntersuchungen:** 9.–12. SSW, 19.–22. SSW, 29.–32. SSW
- **Rh-Antikörper-Test:** zu Beginn und in 22.–24. SSW, wenn negativ: Anti-D-Globulin in der 28.–30. SSW
- **HBs-Antigen-Nachweis:** ab 32. SSW
- **Nach Entbindung** (1. und 6.–8. Woche): allg. und gyn. Untersuchung, Beratung, Blutdruck, Urin auf Eiweiß, Zucker, Infektion

12.3.6 Abrechnungshinweise

Die Leistungen der Mutterschaftsvorsorge nach EBM dürfen

- → nur einmal im Behandlungsfall abgerechnet werden, es muss die Genehmigung der KV vorliegen;
- → bei reiner Vorsorge nicht mit der gynäkologischen Grundpauschale kombiniert werden;
- → pro Behandlungsfall nur von einem Vertragsarzt oder einer Vertragsärztin abgerechnet werden.

Nach GOÄ können Ultraschall, CTG und bestimmte Laboruntersuchungen separat abgerechnet werden.

12.4 Kindliche Entwicklung

- → Zehn Vorsorgeuntersuchungen **(U1–U10)** zur Kontrolle der kindlichen Entwicklung bis zum 6. Lebensjahr; U1 direkt nach der Geburt (APGAR-Schema: Atmung, Puls, Grundtonus, Aussehen, Reflexe) wird in den Mutterpass eingetragen
- → Jugendgesundheitsuntersuchung (J1) mit 13–14 Jahren
- → Jugendarbeitsschutzgesetzuntersuchungen (16.–18. Lj.): Erst- und mind. eine Folgeuntersuchung, Berechtigungsschein: meist Einwohnermeldeamt, Kostenträger: Gewerbeaufsichtsamt, Abrechnung: GOÄ, einfacher Satz

13 Notfälle

Rettungskette	Ruhe – Sicherheit (eigene Sicherheit, Verletzte aus Gefahrenbereich) – Sofortmaßnahmen (z. B. HLW) – Arzt rufen/Notruf 112 (Wo? Was? Wie viele Verletzte? Welche Art Verletzung? Warten auf Rückfragen) – Erstmaßnahmen – Rettungsdienst/Transport – Klinik
Allgemeines Notfallmanagement in der Praxis	regelmäßige Schulungen, wahrscheinliche Notfälle identifizieren, üben und Ablaufpläne für Notfallsituationen erstellen, klare Zuständigkeiten

13.1 Notfallausrüstung

Die Notfallausrüstung sollte regelmäßig auf Vollständigkeit, Verfallsdatum und Funktionsfähigkeit der Geräte überprüft werden (Checkliste).

Material

Blutdruckmessgerät und Stethoskop, Notfallbeatmung (Beatmungsbeutel, -maske, Laryngoskop, Tracheal- und Guedel-Tuben), ggf. Absaugung, Material für Venenzugang (Braunüle, Infusionsbesteck, -lösung), Defibrillator/Automatisierter Externer Defibrillator (AED), ggf. Sauerstoffflasche und -zubehör

Medikamente (i. d. R. Ampullen zur i. v. Gabe)

- Herznotfälle: Adrenalin, Amiodaron, ASS, Atropin, sublingual: Nitrospray
- Allergische Reaktion (Anaphylaxie): Adrenalin, Antihistaminikum (z. B. Tavegil®), Kortisonpräparat
- Asthmaanfall: Theophyllin, Salbutamol, Kortisonpräparat, ggf. Spray/Inhaler
- Lungenödem: Furosemid
- Hypoglykämie: Glukose 40 %
- Zusätzlich: Schmerzmittel, Benzodiazepin-Präparat (Angstzustände, Krampfanfälle)

13.2 Reanimation

Bewusstlosigkeit: Puls (Halsschlagader) und Atmung überprüfen

- Wenn vorhanden: stabile Seitenlage
- Wenn nicht vorhanden: HLW-Maßnahmen einleiten

Herz-Lungen-Wiederbelebung (C-A-B):

- Notruf 112
- Herzdruckmassage: ca. 100- bis 120-mal/Min., Brustmitte, ca. 5–6 cm tief drücken
- (zweiter) Helfer: Atemwege freimachen
- (geübte Helfer) 30-mal Herzdruckmassage, zweimal Beatmung
- ggf. frühe Defibrillation
- Wiederbelebungsmaßnahmen bis zum Eintreffen des Rettungsdienstes oder Einsetzen der Atmung

13.3 Erstmaßnahmen bei Notfällen

Anaphylaktische Reaktion (Anaphylaxie, allergischer Schock)

Zum Beispiel nach Kontrastmittelgabe oder Hyposensibilisierung: Schocksymptomatik, Arzt rufen, Notfallmedikamente vorbereiten

Luftnot

Zum Beispiel Asthmaanfall, Lungenödem: Atemwege freimachen, Oberkörperhochlagerung, Frischluft, Notfallmedikamente vorbereiten

Schock

Zittern, Blässe, Kaltschweißigkeit, Blutdruckabfall bei hoher Herzfrequenz (RR ↓, HF ↑): Schocklagerung (nicht beim kardiogenen Schock), ggf. Ursache bekämpfen, nicht allein lassen, ggf. zudecken oder warmhalten Man unterscheidet Schockarten in:

- hypovolämischer Schock, z. B. akute Blutung
- distributiver Schock, z. B. Anaphylaxie, septischer Schock
- kardiogener Schock, z. B. Herzinfarkt, Herzinsuffizienz
- Obstruktionsschock, z. B. Spannungspneumothorax, Perikardtamponade

Verbrennungen

Schmerzen, ggf. Schock, kleinere Verbrennungen mit klarem, kaltem Wasser ca. 10–15 Min. kühlen, sterile Wundauflage; Abschätzen des Ausmaßes (Neuner-Regel): gesamte Handfläche ca. 9 % der Körperoberfläche

Blutungen

Blutungen von ≥ 1 l Blutverlust sind lebensgefährlich.

- **Äußere Blutung** (z. B. arterielle Blutung durch Verletzung): Einmalhandschuhe, Blutstillung (Extremität hochhalten und/ oder mit Hand drücken, ggf. Druckverband), ggf. Schocklagerung, bei Amputationsverletzung: abgetrenntes Teil keimfrei und gekühlt dem Rettungsdienst mitgeben
- **Nasenbluten:** Kälteelement in Nacken, Blutdrucknormalisierung

Krampfanfall

Für Sicherheit sorgen, ggf. Atemwege freimachen, Arzt rufen, ggf. Notarzt

Vergiftung

Gift ermitteln, kein Erbrechen evozieren, ggf. Giftreste sichern, Giftzentrale kontaktieren

Verätzungen

Mit reichlich klarem Wasser spülen.

Stromunfall

Vitalfunktionen überwachen, ggf. Verbrennungen versorgen

Hypoglykämie

Bei bekannten Diabetikern und unklarer Bewusstlosigkeit sofort Glukose zuführen.

Allgemeines Vorgehen bei Notfällen

Notfallmanagement: Abläufe im Vorfeld festlegen, Aufgaben klar verteilen

- bei Bewusstlosigkeit: Atmung sichern und angemessen lagern
- Kreislauf aufrechterhalten
- Rettungsleitstelle alarmieren

- Transport vorbereiten (wichtige Informationen aus der Akte kopieren, Einweisungs- und Transportschein)
- Rettungsteam empfangen und leiten
- Angehörige informieren, ggf. verbliebenes Eigentum des Patienten verwahren
- Patienten während der ganzen Zeit nicht alleine lassen!

14 Gesundheit und Prävention

14.1 Prävention

- **Primäre Prävention** beugt der Entstehung von Krankheiten vor und soll die Gesundheit erhalten, z. B. Schutzimpfungen, Schulungen zu Stressbewältigung, gesunde Lebensführung (Ernährung, Bewegung).
- **Sekundäre Prävention** dient der Früherkennung von Krankheiten, z. B. Krebsfrüherkennungsuntersuchungen, Check-up 35, Mutterschaftsvorsorge, Haut- und Brustkrebsscreenings.
- **Tertiäre Prävention** soll bei bestehenden Krankheiten den Verlauf verbessern und Rückfälle vermeiden, z. B. DMP, Reha, Tumornachsorge.

14.1.1 Früherkennungsuntersuchungen

Mindestleistungen der GKV, teilweise erweiterte Leistungen:

Lebensjahr	Frauen	Männer
18. Lj. - 35. Lj.	einmalig Check-up Früherkennung von Herzkreislauferkrankungen und Diabetes mellitus	
ab 20. Lj.	jährlich: Gebärmutterhalskrebs und Untersuchung der Genitalien 20.-34. Lj.: jährlich Pap-Abstrich ab 35. Lj.: alle 3 Jahre Pap-Abstrich + HPV-Test	
ab 30. Lj.	jährlich: zusätzlich Brustkrebs	
ab 35. Lj.	alle 2 Jahre: Hautkrebs, Check-up 35 auf Herz-Kreislauf- und Nierenerkrankungen, Diabetes mellitus	

Lebensjahr	Frauen	Männer
ab 45. Lj.		jährlich: Prostatakrebs
ab 50. Lj.	alle 2 Jahre bis 70. Lj.: Brustkrebs (Mammografie-Screening)	
50.-54. Lj.	Darmkrebs: jährlich Test auf okkultes Blut im Stuhl	Männer 50.-54. Lj.: alle 2 Jahre Test auf okkultes Blut oder ab 50. Lj. 2 Darmspiegelungen im Abstand von 10 Jahren
ab 55. Lj.	Darmkrebs: alle 2 Jahre Test auf okkultes Blut im Stuhl oder 2 Darmspiegelungen mit 10 Jahren Abstand	Männer ab 55. Lj.: wie Frauen
ab 65. Lj.		Bauchaortenaneurysma (Ultraschall)

14.1.2 IGeL-Angebote

Individuelle Gesundheitsleistungen an Patienten, die von der GKV nicht übernommen werden, z. B. Glaukomfrüherkennung, reisemedizinische Beratungen, Sporttauglichkeitsprüfungen; Abrechnung über GOÄ, → s. Teil E, Kap. 1.4 Privatliquidation (auch IgeL).

14.1.3 Schutzimpfungen

Aktive Impfung	Passive Impfung
Antigen-Gabe (geschwächte oder abgetötete Erreger bzw. deren Toxine oder RNA)	Antikörper-Gabe (Immunglobuline)
stimuliert das körpereigene Immunsystem	keine Stimulation
meist mehrere Gaben notwendig (Grundimmunisierung: drei Impfungen, regelmäßige Auffrischung)	eine Gabe, Sofortschutz

Aktive Impfung	Passive Impfung
Dauer: viele Jahre, ggf. lebenslang	kurz (Wochen)
Beispiel: *Schutzimpfungen der STIKO, wie Tetanol®*	***Beispiel:*** *Tetagam®*

STIKO: Empfohlene Schutzimpfungen gehören zu den Pflichtleistungen der GKV. Die Empfehlungen werden im Impfkalender der STIKO festgehalten. Zu den COVID-19 Impfungen gibt es separate Empfehlungen. Bitte informieren Sie sich über den aktuellen Stand unter: https://www.rki.de/DE/Content/Kommissionen/STIKO/Empfehlungen/Impfempfehlungen_node.html bzw. nutzen Sie die STIKO-App.

Säuglinge und Kleinkinder bis 2 Jahre
Grundimmunisierung G1–G2 (G3) 6.–12. Lebenswoche:
Rotaviren
Grundimmunisierung G1–G3 bis 11. Lebensmonat:
Tetanus/Diphtherie/Pertussis (dTP-Kombi), Hämophilus b, Polio, Hepatitis B, Pneumokokken
Grundimmunisierung G1–G2, 11.–23. Lebensmonat:
Meningokokken C (G1, 12. LM), Masern/Mumps/Röteln (MMR), Varizellen
Kinder und Jugendliche bis 17 Jahre
Nachholimpfungen nach Bedarf
Auffrischimpfungen: A1 und A2 dTP-Kombi im 5.–6. Lj. und im 9.–17. Lj.; für Polio A1 im 9.–16. Lj.
Standardimpfung: HPV G1–G2 im 9.–14. Lj.
Erwachsene
Auffrisch- und ggf. Nachholimpfungen für Tetanus, Diphtherie (dT), Pertussis, Polio und Standardimpfung Masern bei unklarem Impfstatus
Standardimpfung > 60. Lj.: jährlich Grippeimpfung, einmalig Pneumokokken und Herpes zoster (G1–G2)

Freiwillige Reiseschutzimpfungen: Ermessensleistungen der GKV, ansonsten Privatliquidation (bei Dienstreisen: an Arbeitgeber)

Impfpass: Dokumentation von erfolgten Impfungen, ggf. mit Seriennummer des Impfstoffes

Abrechnung GKV

- Nach bundesweiten Dokumentationsnummern, Abrechnung quartalsweise über KV
- Zusatzbuchstaben: Kennzeichnung, welche Dosis im Impfstatus-A (erster oder unvollständiger Zyklus), B (Abschluss des Zyklus), C (Auffrischung)
- Vergütung erfolgt pauschal (inkl. Aufklärung, Dokumentation im Impfpass), Mehrfachimpfungen werden nicht separat abgerechnet
- nicht auf Praxisbudget
- Impfstoffe: Praxisbedarf (meist über regionale AOK)

Abrechnung nach GOÄ

Bei Impfleistungen sind Aufklärung/Beratung, Nachbeobachtung am Impftag und Dokumentation mit eingeschlossen, Impffähigkeit und Mehrfachimpfungen können gesondert berechnet werden.

14.2 Arbeitsschutz

- **Gesetze:** Arbeitsschutzgesetz, Infektionsschutzgesetz, Abfallentsorgungsgesetz, Medizinproduktegesetz
- **Verbindliche Verordnungen:** Biostoff-, Gefahrstoffverordnung
- **BG-Regeln:** v. a. TRBA/BGR250 (Biol. Arbeitsstoffe), TRGS 525 (Gefahrstoffe)
- **Empfehlungen** und ggf. weitere Verordnungen auf EU-, Länderebene

14.3 Umweltschutz

- **Basis:** Abfallentsorgungs- und Abfallvermeidungsgesetz, Laga-Richtlinien, BGR 250/TRBA 250
- **Umsetzung:** Hygieneplan, QM-Handbuch
- **Mülltrennung:** sinnvoller Umgang mit Verbrauchsmaterial und Energie

Entsorgung von Praxismüll

Müllart	Entsorgung
Papiermüll, Glas, Verpackungsmaterial, Wertstoffe	in entsprechende Recycling- und Wertstoffbehälter

Müllart	Entsorgung
Druckertoner, Röntgenfilme	nach Herstellerangaben oder Entsorgungsbetriebe
normaler Hausmüll, desinfizierte Abfälle	wie Privathaushalte
Laborabfälle	autoklaviert in Hausmüll
Altmedikamente	Schadstoffsammlung oder Apotheke
benutzte Tupfer, Verbandmaterialien	in fest verschlossene Abfallsäcke in den Restmüll
Kanülen, Skalpelle	in festen, verschlossenen Plastikdosen in den Restmüll
Organe, Amputate	Spezialmüll

14.4 Praxishygiene

14.4.1 Grundlagen und Dokumente

Grundlagen: Infektionsschutzgesetz (IfSG), BGR 250/TRBA 250, RKI-Empfehlungen, Länderverordnungen

Der **Hygieneplan** regelt alle relevanten Bereiche der Praxishygiene (z. B. Desinfektion, Sterilisation, Wechselturnus von Wäsche, Kon-trollen).

Reinigungs- bzw. Desinfektionsplan: Teil des Hygieneplans, regelt die Reinigung bzw. Desinfektion von Händen, Instrumenten, Gegenständen, Flächen etc.

14.4.2 Desinfektionsmittel

Auswahl: Desinfektionsmittel sollten VAH-gelistet sein, im Seuchenfall: RKI-gelistete Desinfektionsmittel verwenden

Wirksamkeiten	
Bezeichnung	**wirksam gegen**
bakterizid	lebende Bakterien
sporozid	Bakteriensporen

Wirksamkeiten	
Bezeichnung	**wirksam gegen**
viruzid	Viren
fungizid	alle Pilze
levurozid	nur Hefepilze

Umgang mit Desinfektionsmitteln

Geeignete Schutzkleidung tragen, Stand- und Einwirkzeiten beachten, ggf. Materialverträglichkeit prüfen, Gebrauchsanweisung beachten

14.4.3 Ansetzen von Desinfektionslösungen

Gebrauchslösung: Mischung eines Desinfektionsmittels zur Anwendung; Prozentangaben beziehen sich auf die Gesamtflüssigkeitsmenge, d. h. Konzentrat und Wasser.

Beispiel: *Ansetzen von 5 l einer 4-prozentigen Gebrauchslösung*

Umwandeln: 4 % sind anders ausgedrückt $\frac{4}{100}$*; 5 l sind 5 000 ml*

Formel:

$$\frac{5\,0\cancel{00}\ ml \cdot 4}{1\cancel{00}} = 200\ ml\ \text{Konzentrat (Bruch gekürzt)}$$

Ansatz: *5 l Gebrauchslösung = 200 ml Konzentrat + 4 800 ml Wasser*

14.4.4 Aufbereitung von Medizinprodukten

RKI-Richtlinie

Medizinprodukte **vorreinigen,** ggf. zerlegen, **reinigen, desinfizieren,** spülen, **trocknen,** (Sauberkeit) **prüfen,** Wartung und Funktionsprüfung durchführen, ggf. kennzeichnen, verpacken, **sterilisieren**

Desinfektion

Krankheitserreger werden abgetötet.

Desinfektionsverfahren:

→ chemisch (z.B. Instrumentenbad)

→ thermisch
→ maschinell (verbinden mehrere Aufbereitungsschritte, z. B. für Endoskope)

Sterilisation

Bezeichnet die Abtötung aller lebensfähigen Mikroorganismen inkl. Sporen (Dauerformen).

Sterilisationsverfahren: Heißluft, gespannter Dampf (Autoklav), Gas, Gammastrahlen, Sterilfiltration; bei Aufbereitung von Medizinprodukten in der Praxis: An Funktionskontrolle (z. B. Steri-Band) bei jeder Charge und regelmäßige Qualitätskontrollen sowie Dokumentation denken.

Autoklav: Gesamtsterilisationszeit besteht aus Anheizzeit + Entlüftungszeit + Abtötungszeit und Sicherheitszuschlag (121 °C/20 Min. oder 134 °C/5 Min.) + Kühlzeit.

14.4.5 Händedesinfektion (HD)

	Hygienische HD	Chirurgische HD
Anwendung	vor bzw. nach Patientenkontakt, vor aseptischen Tätigkeiten, nach Kontakt mit potenziell infektiösem Material	vor chirurgischen Eingriffen
Vorgehen	3–5 ml Händedesinfektionsmittel in die trockenen Hände; 30 Sek. lang alle Flächen, Finger, Zwischenräume, Nagelfalz gründlich einreiben und benetzen bis Handgelenk	Hände eine Min. waschen, Händedesinfektion 1–3 Min. (je nach Präparat) bis Ellenbogen
Reihenfolge	desinfizieren, waschen	waschen, desinfizieren

14.5 Infektionskrankheiten nach IfSG

Nach dem Infektionsschutzgesetz (IfSG) muss bei einigen Infektionen eine Meldung an das Gesundheitsamt bei Verdacht (V), Erkrankung (E), Tod (T) oder Erregernachweis (EN) bzw. Infektionen unter der Geburt (perinatal, P*) erfolgen. Die wichtigsten sind (mit Meldehinweis in Klammern) nachfolgend aufgeführt.

14.5.1 Bakterielle Infektionen

Erkrankung	Infektionsweg	Inkubationszeit; Symptome
Diphtherie (VET)	Tröpfchen	1–7 Tage; Fieber, Luftnot, Entzündung der oberen Luftwege
Salmonellen-Enteritis (EN)	fäkal-oral	Stunden bis drei Tage; Übelkeit, Erbrechen, Durchfälle
Tuberkulose (ET)	Tröpfchen	ca. sechs Wochen; Nachtschweiß, Husten, brauner Auswurf
Lues (Syphilis) (EN)	Geschlechtsverkehr, Geburt	1–5 Wochen; vier Stadien: L1 Ulkus durum; L2 vielfältig, z. B. Exanthem; L3 ggf. eitriger Gewebszerfall; L4 ZNS-Befall

14.5.2 Virale Infektionen

Erkrankung	Infektionsweg	Inkubationszeit; Symptome
Polio(-myelitis) (VET)	fäkal-oral	1–3 Wochen; Beginn grippeähnlich, später Lähmungen
Masern (VET)	Tröpfchen	10–14 Tage; Fieber, Ausschlag, Koplik-Flecken
Röteln (P*)	Tröpfchen	2–3 Wochen; Fieber, feinfleckiger Hautausschlag
FSME (EN)	perkutan (Zeckenbiss)	5–14 Tage; 2-phasig, Fieber, Hirnhautbeteiligung
Tollwut (VET)	perkutan (Tierbiss)	bis zu sechs Monate; mehrere Stadien, Krämpfe, Lähmungen, Koma
Grippe (EN)	Tröpfchen	1–5 Tage; schneller Beginn, Fieber, Husten, Kopf- und Gliederschmerzen
COVID-19 (VET, EN)	Tröpfchen	5–6 Tage; variable Ausprägung; oft grippeähnliche Symptomatik

14.5.3 Schutzmaßnahmen im Labor

- **Eigenschutz:** flüssigkeitsfeste Handschuhe beim Umgang mit Blut oder Körperflüssigkeiten, Schutzkleidung und ggf. -brille; Kanülen, Ampullen nicht recappen, sondern sofort in geeignete Abwurfbehälter entsorgen; alle benutzten Gegenstände und Oberflächen regelmäßig reinigen und desinfizieren
- **Patientenschutz:** Hautdesinfektion vor Blutentnahme, Einmalmaterial

Vorsicht im Umgang mit Chemikalien: Einige Lösungen sind hochgiftig, z. B. Hayemsche Lösung ist quecksilberhaltig.

14.5.4 Qualitätssicherung

Nach den Richtlinien der Bundesärztekammer müssen Nachweise fünf Jahre aufbewahrt werden.

- **Interne Kontrollen:** mithilfe von Testserien, Ergebnisse müssen innerhalb von definierten Grenzwerten liegen
- **Externe Kontrolle:** z. B. Ringversuche, externe Stelle bewertet das Ergebnis

Fehler

- Zufällige Fehler: breite Streuung der Werte (z. B. Ablesefehler)
- Systematische Fehler: enge Streuung, ähnliche Fehlermuster (z. B. falsche Kalibrierung)

Probenbeschriftung

- Probe: mind. drei Angaben (Name, Vorname, Geburtsdatum)
- Anforderungsschein: wie Probe, zusätzlich: Material, Entnahmezeitpunkt, Untersuchungsauftrag, Einsender
- Weitere Angaben sind ggf. Angaben zum Versicherungsträger (für Abrechnung), Rechnungsanschrift; bei Kulturen/Abstrichen: Art und Entnahmestelle, Kennzeichnung von infektiösem Material (zum Schutz der Mitarbeitenden), Medikation

Messwerte

- Qualitative Bestimmungen: geben an, ob ein Stoff nachweisbar ist oder nicht (z. B. Nitrit im Urin: positiv)
- Quantitative Messungen: geben genaue Messwerte oder Zahlen an (z. B. Blutzucker 100 g/dl)
- Semiquantitative Messungen: geben ungefähre Menge an (z. B. Bakterien im Urin: +++)

B

LABORKUNDE

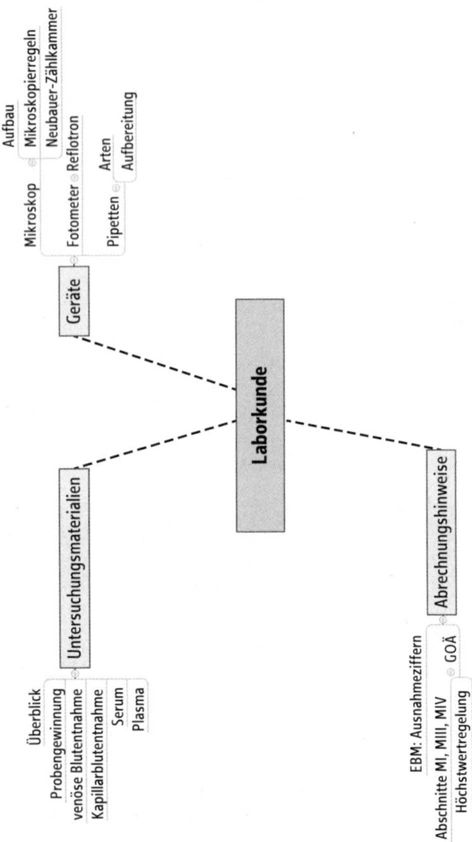

1 Laborgeräte und -gegenstände

1.1 Zentrifuge

Allgemeine Regeln beim Umgang: auf feste Standfläche achten, gleichmäßig beladen, richtige Geschwindigkeit einstellen, Deckel fest schließen, regelmäßige Wartung

1.2 Mikroskop

- → **Stativ:** Haltegerüst, an dem die Grundplatte (Mikroskopfuß), der Objekttisch für Proben und der Stativarm für die Optiken befestigt sind. Mit dem Grob- und Feintrieb lässt sich der Objekttisch (Kreuztisch) auf und ab bewegen, um die Schärfe einzustellen.
- → **Optik:** Das Licht fällt durch zwei Linsensysteme, das Okular (meist 10-fache Vergrößerung) und die Objektive (meist 10-, 40- und 100-fache Vergrößerung).
- → **Kondensor:** weiteres Linsensystem, das aber zwischen der Lichtquelle und dem Objekt liegt
- → **Objektträger:** Trägerglas für die Proben (z. B. Abstriche, Ausstriche); Deckgläser: zum Abdecken der Probe
- → **Ölimmersion:** Bei den 100x-Objektiven wird meist ein Tropfen Immersionsöl auf die Probe gegeben, dadurch wird das Präparat besser dargestellt, anschl. mit etwas Alkohol das Objektiv reinigen.
- → **Allgemeine Mikroskopierregeln:** für festen Stand sorgen, Abstand zum Okular, ggf. Brille aufbehalten, Kreuztisch zunächst unter Sicht bis 1–2 mm zum Okular bringen, dann erst Schärfe einstellen; mit kleiner Vergrößerung beginnen, nach Benutzung ggf. reinigen, Staubschutz
- → **Neubauer-Zählkammer (improved):** Glasplatte mit standardisierten Vertiefungen und Gitternetzlinien zur Auszählung von Blutzellen
  - **Erythrozytenzählung:** 10 µl einer 1 : 200 verdünnten Blutprobe, Auszählung im zentralen Quadrat
    Berechnung: Erythrozyten pro ml Blut =
    Zellzahl in fünf kleinen Quadraten · 5 · Verdünnungsfaktor 200 · 10^4 (Volumenfaktor)
  - **Leukozytenzählung:** 10 µl einer 1 : 20 verdünnten Blutprobe in vier großen Eckquadraten

Berechnung: Leukozyten pro ml Blut =

$$\frac{\text{Zellzahl in 4 großen Quadraten}}{4} \cdot \text{Verdünnungsfaktor } 20 \cdot \underset{\text{(Volumenfaktor)}}{10^4}$$

1.3 Fotometer

Labormethode zum Nachweis von Konzentrationen (z. B. Blutzucker, Cholesterin, Hb-Wert)

Absorptionsfotometrie

Zum Beispiel kapillare Hb-Bestimmung; Aufbau/Prinzip: Lichtquelle – Monochromator – Küvette mit flüssiger Probe (schluckt einen Teil des Lichts) – Fotodetektor wertet die Menge des ankommenden Lichts aus

Reflexionsfotometrie

Probe ist auf Teststreifen (Trockenchemie); Aufbau/Prinzip: Lichtquelle – Reflektor (Ulbricht-Kugel) – Teststreifen mit Probe – Reflexion auf ein Messsystem – Ergebnis

Reflotron (Reflexionsfotometer)

Schnelldiagnostik für viele Werte (z. B. Glukose, Blutfette, Leber-, Pankreas- und Nierenwerte, Hb, CK); Parameter werden durch die Verfärbung von Teststreifen in 2–3 Min. gemessen; verschiedene Tests durch unterschiedliche Teststreifen; geeignet sind Kapillar- oder Venenblut, Plasma oder Serum; Vorteile: schnell, einfach (ohne weitere Laborreagenzien), kleine Probenmenge

1.4 Pipetten

- **IN-Pipetten:** Einmalmaterial, Kapazität 5–200 µl, z. B. Kapillarblutentnahme
- **EX-Pipetten:** meist wiederverwendbar, z. B. Messpipetten, Enzympipetten, Vollpipetten (ohne Teilstriche); Kapazität 0,1–50 ml, z. B. zum Mischen und Ansetzen von Lösungen, Zubehör: Pipettierhilfe oder Peleusball
- **Mischpipetten:** z. B. Leukozytenpipette, weiße Kugel
- **Aufbereitung:** desinfizieren im Standzylinder, reinigen (durchspülen mit Desinfektionslösung, dann Wasser, dann Aq. dest.), trocknen, autoklavieren

▶ Nie mit dem Mund pipettieren. Angemessene Pipettengröße und -art wählen.

- **Kolbenhubpipetten:** Mehrweg-Pipette mit Einmal-Pipettenspitzen, variables oder festes Volumen 5–1 000 µl, farblich markiert; Vorteil: exaktes Pipettieren kleinster Mengen
- **Dilutor (oder Dispenser):** wie Kolbenhubpipetten, aber große, einstellbare Volumina

1.5 Weitere Laborgegenstände

- Reagenzgläser (z. B. für Urinsediment)
- Schraubglasflaschen (als Vorratsbehälter)
- Erlenmeyer-Kolben, Bechergläser, Messzylinder (zum Messen und Mischen)
- Petrischalen (z. B. für mikrobiologische Nährböden)

2 Untersuchungsmaterialien

Material	Untersuchung, z. B.
Vollblut	Blutbild, mikrobiol. Diagnostik
Plasma	Gerinnungswerte, Medikamentenspiegel
Serum	Stoffwechselprodukte, Enzyme, Medikamente
Urin	Urinstatus, -sediment, Hormone, mikrobiol. Diagnostik, Medikamente
Liquor	Liquorstatus, mikrobiol. Diagnostik
Sputum	mikrobiol. Diagnostik, Zytologie
Gewebeprobe (Biopsat)	Zytologie
Punktat	mikrobiol. Diagnostik, Zytologie
Abstrich	mikrobiol. Diagnostik, Zytologie

Präanalytik: alle Einflussfaktoren und mögliche Fehlerquellen auf das Ergebnis von der Probenentnahme bis zur Analyse im Labor (z. B. Patientenzustand, Probenentnahme, -beschriftung, -verarbeitung und -versand)

2.1 Blutprobenentnahme

2.1.1 Venöse Blutentnahme

- **Material:** Handschuhe, Staubinde, Tupfer, Hautdesinfektionsmittel, Pflaster, Kanüle/Butterfly, Monovetten®/Vacutainer, Kanülenbox, ggf. Lagerungskissen
- **Entnahmestellen:** Ellenbeuge, Handrücken
- **Vorgehen:** Patienten bequem sitzen oder liegen lassen, Material bereitlegen, Handschuhe anziehen, Staubinde anlegen, Vene tasten, Punktionsstelle desinfizieren und einwirken lassen (nach der Desinfektion Haut nicht mehr abtasten), punktieren, Entnahmesystem aufsetzen, Stauung lockern, Röhrchen füllen, Kanüle entfernen und entsorgen, Tupfer aufdrücken, Pflaster anlegen, Röhrchen schwenken/mischen und beschriften
- **Reihenfolge der Blutentnahme:**
  - Vollblut (10-ml-Spritze): Blutkulturen
  - Nativblut (Gel- oder Kugelzusatz): Serumgewinnung für klinische Chemie
  - Natrium-Citrat: Plasmagewinnung für Gerinnung (PTT, TZ, Q, INR) und BSG
  - Heparin: Vitaminbestimmungen
  - EDTA: Blutbild, HbA_1c
  - Natrium-Fluorid: BZ
- **Fehlerquellen:**
  - Hämolyse (durch zu lange/feste Stauung, zu festen Sog, falsches Zentrifugieren, zu dünne Kanüle) → Serum rötlich verfärbt
  - Gerinnung durch unzureichende Mischung bei Zusätzen
  - nicht vollständig gefüllte Röhrchen (falsches Mischungsverhältnis)
  - falsche Röhrchen bzw. Zusätze verwendet

2.1.2 Kapillare Blutentnahme

- **Anwendung:** bei Kindern, Schwangeren, BZ-Messung, immer wenn kleine Mengen benötigt werden
- **Entnahmestellen:** seitliche Fingerkuppe von Ring- oder Mittelfinger, Ferse (Säuglinge)
- **Material:** Alkoholtupfer, Pflaster, Punktionssystem, Entnahmeröhrchen/Pipette, Abfallbox, Tupfer, Handschuhe, ggf. Fersenwärmer

- **Durchführung:** Material bereitlegen, Handschuhe anziehen, Punktionsstelle ggf. vorwärmen, dann desinfizieren, einwirken lassen, punktieren und Punktionssystem entsorgen, ersten Tropfen trocken abwischen, Röhrchen/Pipette füllen, Tupfer aufdrücken, ggf. Pflaster, Röhrchen schwenken/mischen, Proben beschriften
- **Reihenfolge:** EDTA, dann Röhrchen mit anderen Zusätzen, zuletzt Röhrchen ohne Zusätze

2.2 Materialgewinnung und Verarbeitung

2.2.1 Serum

Serum ist der wässrige Blutanteil ohne Gerinnungseiweiße (Fibrin, Fibrinogen).

Zum Nachweis von: Eiweißen (Gesamteiweiß, Albumin), **Fetten** (Cholesterin, Triglyceride), **Kohlenhydraten** (Glukose), **Elektrolyten** (Natrium, Kalium), **Enzymen** (Leber: GPT, GOT; Pankreas: Amylase, Lipase; Herz: CK, CK-MB), **Vitaminen, Stoffwechselprodukten** (Nieren: Harnstoff, Kreatinin), **Hormonen** (Schilddrüse: T3, T4), **Medikamenten- und Drogenspiegel** (Digoxin, Alkohol)

Serumgewinnung:

- **Material:** Nativblut mit Gerinnungsaktivator (Trenngel oder Kügelchen); aus 7,5 ml Blut erhält man etwa die Hälfte Serum
- **Durchführung:** ca. 30 Min. stehend gerinnen lassen, zentrifugieren bei 2000 g für ca. 10–15 Min., gelblich-klaren Überstand (Serum) in Transferröhrchen abpipettieren
- **Fehlerquellen:** zu kurze Gerinnungszeit, zu lange Zeit zwischen Zentrifugation und Abpipettieren
- **Lagerung:** dunkel und gekühlt, fest verschlossen; Enzyme sind bis zu sechs Tagen stabil, kann tiefgefroren werden, Lager- und Transportvorschriften des Labors beachten
- **Serumfarben:**
  - hellgelb, klar: normales Serum
  - rötlich: hämolytisch, insbesondere Messwerte für Kalium, Glukose, Eisen und CK können verfälscht sein
  - weiß-milchig, trüb: lipämisches Serum, bei stark erhöhten Blutfettwerten
  - dunkelgelb: ikterisches Serum, hoher Bilirubingehalt

2.2.2 Plasma

Plasma ist der zellfreie, wässrige Anteil des Blutes mit gelösten Stoffen und Gerinnungsfaktoren.

Plasmagewinnung:

- **Material:** Blutröhrchen mit Antikoagulans (Gerinnungshemmer), z. B. Citrat, EDTA
- **Durchführung:** nach Entnahme bei 3000 g ca. 10–15 Min. zentrifugieren, Überstand in ein Transferröhrchen übertragen
- **Fehlerquellen:** falsch oder zu spät zentrifugiert, zu spät abpipettiert, zu lange gelagert
- **Lagerung:** frisch verarbeiten oder einfrieren, Laborvorschriften beachten

2.3 Abrechnungshinweise

2.3.1 EBM

Seit 01.04.2018: Laborbudgets entfallen, stattdessen gelten arztpraxis- und arztgruppenspezifische Fallwerte; ein Wirtschaftlichkeitsbonus wird bestimmt, Ausnahmekennziffern werden dabei berücksichtigt.

2.3.2 GOÄ

Abschnitt **MI:** Untersuchungen in der Praxis binnen vier Std.; Abschnitt **MII:** Durchführung in Laborgemeinschaft, Abrechnung veranlassender Arzt; Abschnitte **MIII** und **MIV:** Spezialuntersuchungen, dürfen nur von Laborärzten abgerechnet werden (Labor schickt Rechnung)

Höchstwertregelung: Wenn mehrere mit H1–H4 gekennzeichnete Einzelleistungen einen Höchstwert überschreiten, darf nur dieser abgerechnet werden.

C

MEDIKAMENTENLEHRE

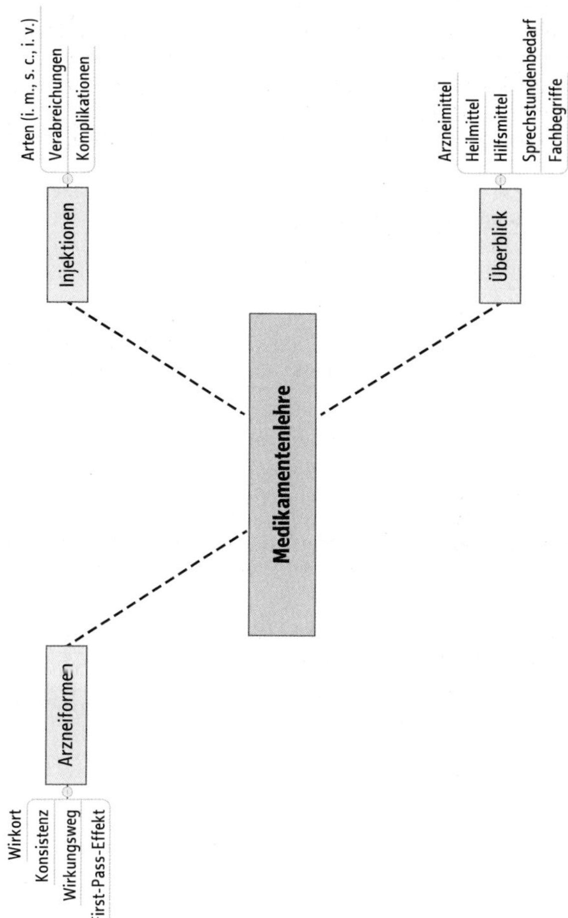

1 Begriffe und Erläuterungen

- **Arzneimittel:** Stoffe, die Krankheiten heilen, lindern, vorbeugen können bzw. bei der Diagnostik (z. B. Röntgenkontrastmittel) eingesetzt werden, unterliegen dem Arzneimittelgesetz (AMG).
- **Heilmittel:** verordnete Leistungen, die von anderen Heilberufen erbracht werden, z. B. Physiotherapie, Ergotherapie
- **Hilfsmittel:** Gegenstände, die eine Krankheit oder Behinderung lindern oder erleichtern können, z. B. Brille, Gehstöcke, Rollstuhl
- **Sprechstundenbedarf:** Materialien, die für die Behandlung von Patienten benötigt werden, aber nicht einem Versicherten direkt zugeordnet werden können, z. B. allg. Arzneimittel, Verbandsstoffe, aber auch Inhalte des Notfallkoffers. Diese können über Rezept bzw. BtM-Rezept bestellt werden. Achtung: Grundkosten der Praxis und viele Verbrauchsmaterialien sind bereits in den Leistungsvergütungen enthalten (z. B. Blutentnahmematerial, Einmalspritzen). Für Privatpatienten gesonderte Bestellung und Lagerung.
- **Praxisbedarf:** gehört zur Grundausstattung der Praxis, nicht abrechenbar

Häufige Begriffe:

- **Pharmakologie:** Lehre von den Arzneien
- **Indikation:** Anwendungsgebiet, Anzeige; entsprechend:
- **Kontraindikation:** Gegenanzeige
- **Dosis**: Verabreichungsmenge
- **Nebenwirkungen:** unerwünschte Wirkungen
- **Wechselwirkungen:** Interaktion mit anderen Arzneien

2 Arzneimittelformen

Einteilung nach ...

Konsistenz:

- **fest:** z. B. Tabletten, Retardtabletten (verzögerte Wirkung), Kapseln, Suppositorien (= Zäpfchen, rektale oder vaginale Anwendung)
- **halbfest:** z. B. Salben, Gels, Pasten, Cremes
- **flüssig:** z. B. Lösungen, Tropfen, Tinkturen

Einteilung nach ...
⇢ **gasförmig:** Aerosole, Gase
Wirkungsort:
⇢ **lokal:** nur in bestimmten Körperregionen
⇢ **systemisch:** im ganzen Körper
Wirkungsweg:
⇢ **enteral:** über Magen-Darm-Trakt, z. B. orale, sublinguale oder rektale Anwendung
⇢ **parenteral:** z. B. Injektionen, Inhalationen, Arzneipflaster

3 First-pass-Effekt

Medikamente, die geschluckt und über den Darm aufgenommen werden, werden über die Pfortader zur Leber transportiert und durch deren Entgiftungsfunktion teilweise abgebaut, bevor sie ihren Wirkort erreichen. Umgehung des First-pass-Effekts ist durch parenterale Gabe (z. B. rektal, i. v., i. m., s. c.) möglich.

4 Injektionen

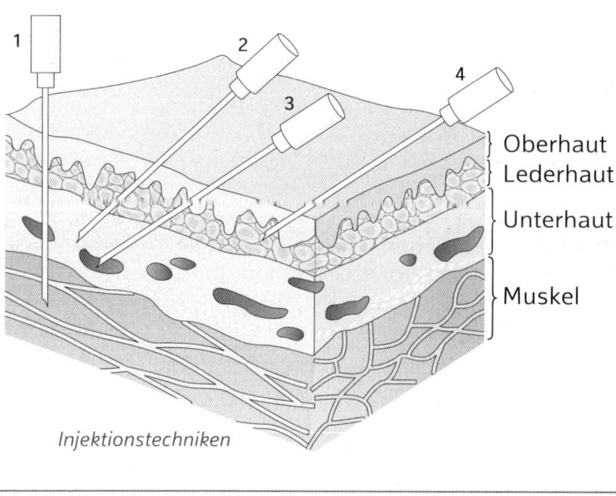

Injektionstechniken

	Kürzel	Injektionsart	Beispiel
1	i. m.	intramuskulär, in den Muskel (Gesäßmuskel, Oberschenkel, Oberarm)	*Impfungen*
2	s. c.	subkutan, ins Unterhautfettgewebe (Bauch, Oberschenkel, Oberarm)	*Heparin, Insulin*
3	i. v.	intravenös, in die Vene (Ellenbeuge, Handrücken, Unterarm) – ärztliche Tätigkeit	*Infusionen*
4	i. c.	intrakutan, in die Haut	*Allergietests*

Verabreichung von Injektionen

- **Vorbereitung:** Händedesinfektion, saubere Arbeitsfläche
- **Material:** Spritze, Aufziehkanüle, Medikament (bei Glasampullen: Tupfer zum Abbrechen an der Sollbruchstelle), Injektionskanüle (z. B. 18er bei s. c.-Injektionen), Tupfer und Hautdesinfektionsmittel, ggf. Pflaster, Kanülenabwurf, Schutzhandschuhe
- **Vorgehen:** Injektionsstelle aufsuchen, desinfizieren und einwirken lassen, Kontrolle (Patient/-in, Medikament), einstechen und aspirieren, Medikament applizieren, Spritze zügig herausziehen, Tupfer auflegen und andrücken, ggf. Pflaster

Methode

- **subkutan:** Hautfalte zwischen Daumen und Zeigefinger nehmen, Einstich mit der anderen Hand im 45°-Winkel
- **intramuskulär**: Haut spreizen und festhalten, Einstich senkrecht

Komplikationen

- **allgemein:** Infektionen (bes. i. m., Spritzenabszess), Gewebstod (Nekrose) bei ungeeigneter Methode/ungeeignetem Medikament, Bluterguss
- **i. m.-Injektion:** Ischiasnerv-Schädigung (bei veralteter Injektionsmethode)

D

GESUNDHEITSWESEN

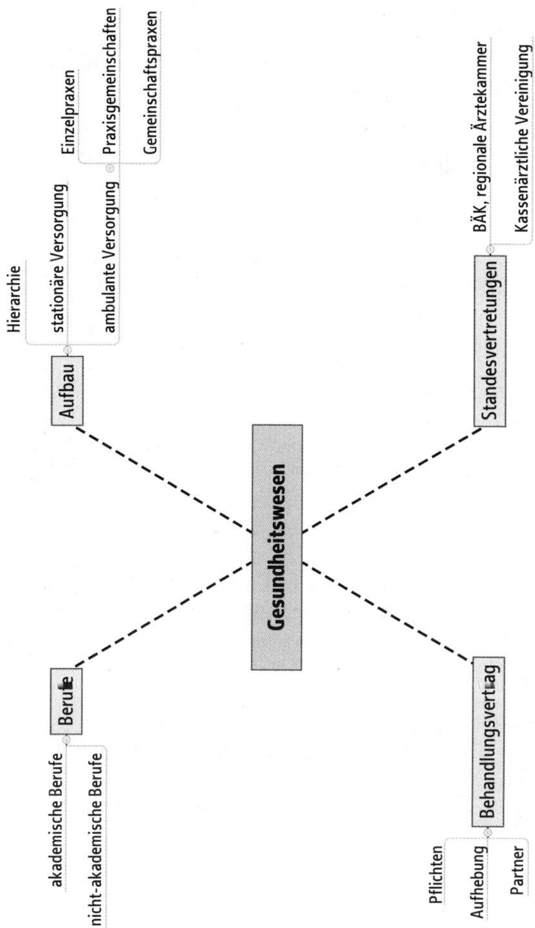

1 Aufbau Gesundheitswesen

Bundesebene
Bundesgesundheitsministerium (**BMG**) Gesetzgebung, Übersicht über andere Einrichtungen
Bundeszentrale für gesundheitliche Aufklärung **BZgA**
Bundesinstitut für Arzneimittel und Medizinprodukte (**BfArM**) und Institut für Dokumentation (früher DIMDI)
Robert-Koch-Institut (**RKI**) Seuchenkontrolle, Impfempfehlungen (**STIKO**)
Paul-Ehrlich-Institut Forschung, Prüfung, Zulassung von Impfstoffen
Landesebene
Gesundheitsministerien der Länder Aufsicht über Einrichtungen, Organisation Rettungsdienst
Regionale Ebene
Gesundheitsamt Meldestelle für Infektionskrankheiten, HIV-Beratung, Suchthilfe, Amtsarzt
Gewerbeaufsichtsamt Arbeitsschutz, Hygienevorschriften (Ausnahme Hessen)

Versorgung	
ambulant	**stationär**
→ Einzelpraxen → Praxisgemeinschaft (mehrere Ärzte/Ärztinnen, getrennter Patientenstamm und getrennte Abrechnung) → Gemeinschaftspraxis (gemeinsamer Patientenstamm und gemeinsame Abrechnung)	→ Akutkrankenhäuser → Fachkrankenhäuser → Reha-Einrichtungen → psychiatrische Einrichtungen

1.1 Berufe im Gesundheitswesen

- **Ärzte/Ärztinnen:** Medizinstudium, Approbation; ggf. Facharzt/Fachärztin (z. B. Internist, Orthopäde), Zusatzbezeichnungen (z. B. Diabetologie, Naturheilverfahren), Promotion
- **Apotheker/-innen:** Pharmaziestudium
- **Nichtärztliche Heilberufe:** Heilpraktiker (Zulassung durch Gesundheitsamt)
- **Medizinische Fachberufe:** z. B. medizinische Angestellte
- **Pflegeberufe:** z. B. Gesundheits- und Krankenpfleger; ab 2023 neuer Berufsabschluss: Pflegefachleute (alte Bezeichnungen bleiben erhalten)
- **Diagnostisch-technische Berufe:** z. B. MTA
- **Therapeutisch-rehabilitative Berufe:** z. B. Physiotherapeuten

1.2 Standesvertretungen und Vereinigungen

- **Ärztekammer:** staatlich beauftragt, Ärzte sind Pflichtmitglieder; legt Berufs- und Weiterbildungsverordnungen fest, Prüfungen, Ausbildungs- und Prüfungsordnung für MFA
- **Kassenärztliche Vereinigung (KV):** Vertretungsorgan der Kassenärzte; regelt ärztliche Versorgung der Bevölkerung, Abrechnung mit GKV, Verteilung Honorare, Fortbildung
- **Berufsverband für medizinische Fachberufe (VMF):** Interessenverband, Gewerkschaft (Tarifverhandlungen), Öffentlichkeitsarbeit, Fortbildung

2 Behandlungsvertrag

- **Zustandekommen (durch schlüssige Handlung):**

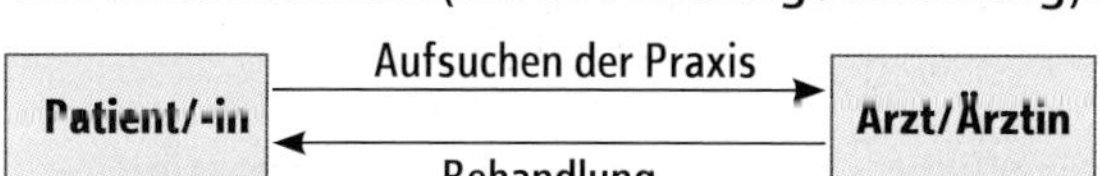

- **Vertragspartner**
  GKV: Patient/-in, Krankenkasse/Arzt/Ärztin, KV
  Privat: Patient/-in, Arzt/Ärztin
- **Eigenschaften:** Dienstvertrag, keine Erfolgsgarantie
- **Pflichten:** Sorgfaltspflicht, Behandlungspflicht (in Notfällen)

- **Beendigung:** Behandlungsende, fehlendes Vertrauen, Patient/-in: jederzeit, ohne Angabe von Gründen

2.1 Schweigepflicht

- **Umfang:** persönliche, medizinische und wirtschaftliche Informationen über Patienten im Rahmen der Tätigkeit (z. B. Befunde, Mitteilungen, Tatsache der Behandlung) über den Tod des Patienten/der Patientin hinaus
- **Grundlagen:** Berufsordnung für Ärzte (MBO-Ä) und Strafgesetzbuch (StGB)
- **Ausnahmen:** (vermutete) Patienteneinwilligung (z. B. Begleitperson, Bewusstlosigkeit), Erziehungsberechtigte bei Kindern < 14 Jahren, Notsituation (§ 34 StGB, z. B. Kindesmisshandlung/-missbrauch), gesetzliche Meldepflicht (z. B. Infektionskrankheiten), gegenüber Sozialversicherung (z. B. AU-Bescheinigung), berechtigte Eigeninteresse (z. B. Verteidigung bei Schadenersatzklage)

2.2 Aufklärungspflicht

- **Grundlagen:** Selbstbestimmungsrecht der Patienten gemäß Grundgesetz (Menschenwürde, Recht auf Leben und körperliche Unversehrtheit, Freiheit), Patienten können Einwilligung jederzeit widerrufen
- **Therapeutische Aufklärung** (z. B. Verhaltensregeln), **Selbstbestimmungsaufklärung** (z. B. Art, Umfang der Behandlung, Heilungschancen)
- **Durchführung:** Arzttätigkeit, Gespräch, Dokumentationsbogen
- **Sonderfälle**: Kinder < 14 Jahren Zustimmung beider Eltern, Jugendliche 14–18 Jahre: im Arztermessen, bei Bewusstlosigkeit Einwilligung vermutet, Verzicht muss eindeutig dokumentiert sein

Dokumentationspflicht: s. Teil G, Kap. 3.4 Dokumentation

E

LEISTUNGSABRECHNUNG

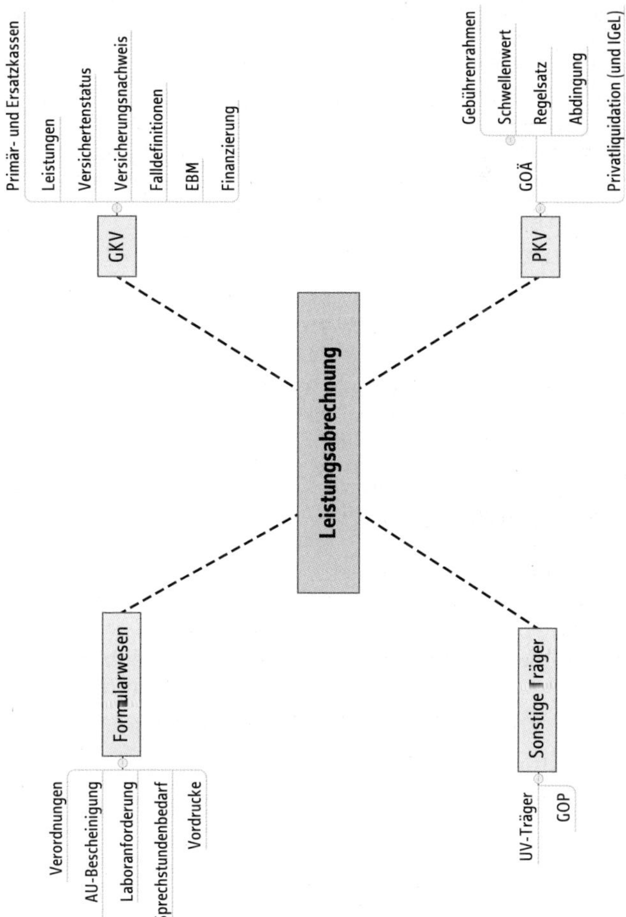

1 Kostenträger im Gesundheitswesen

1.1 Gesetzliche Krankenversicherungen (GKV)

- **Primärkassen** (z. B. AOKs, BKKs, Knappschaft, Innungskasse)
- **Ersatzkassen** (vdek, z. B. BEK-GEK, DAK, TK)

Pflichtversichert sind in der Regel alle Arbeitnehmenden (Einkommen >450,00 €, aber unter der Pflichtgrenze), Auszubildende/Studierende, Rentner/-innen, Künstler/-innen und Publizisten (meist Künstlersozialkasse), Land- und Forstwirte, Personen, die sonst nicht anderweitig abgedeckt sind.

Freiwillig versichert sind nicht pflichtversicherte Arbeitnehmer und Rentner, Beamte und Pensionäre, Selbstständige, Studierende ab dem 15. Semester oder 30. Lj., nicht Erwerbstätige.

Familienversicherung: Familienangehörige ohne eigenes Einkommen sind mitversichert.

Auf dem **Versicherungsnachweis** (**KV-Karte**) sind eingetragen:

- Versicherung: Kennnummer
- Stammdaten: Name, Adresse, Geburtsdatum
- Angaben zur Versicherung: Name, Versichertennummer, Versicherungsstatus (Mitglied, 1; Familienangehöriger, 3; Rentner, 5), Zuzahlungsstatus, Gültigkeit

Die **elektronische Gesundheitskarte** (eGK) ist durch persönliche Daten und Lichtbild erweitert, der Versicherungsstatus wird verdeckt übermittelt.

Finanzierung: 14,6 % + Zusatzbeitrag; Beitragshöhe: abhängig vom Einkommen **(Solidaritätsprinzip)**; Arbeitnehmer und Arbeitgeber: je die Hälfte. Alle Beiträge fließen in den **Gesundheitsfonds**, der die Gelder pauschal an die GKVs verteilt, ggf. können diese von ihren Mitgliedern Zusatzbeiträge einfordern.

1.1.1 Leistungen der GKV

werden vom Gemeinsamen Bundesausschuss (GBA) beschlossen und im Leistungskatalog festgelegt.

- **Pflichtleistungen**, z. B. Prävention, Früherkennung, Behandlung und Reha

- **Ermessensleistungen** (freiwillig), z. B. Erstattung homöopathischer Arzneien

Die meisten GKV-Leistungen sind Sach- oder Dienstleistungen, Geldleistung beschränken sich auf Kranken- und Mutterschaftsgeld.

Bei vielen Leistungen müssen die Versicherten **Zuzahlungen** (z. B. Arzneimittel, Heil- und Hilfsmittel, Krankenhausaufenthalt, Reha-Maßnahmen, häusliche Pflege, Haushaltshilfe und Fahrkosten) bis zu einer bestimmten **Belastungsgrenze** (2 % des Bruttoeinkommens bzw. 1 % bei chronisch Kranken) leisten.

1.1.2 Häufige Begriffe

- **Vertragsärzte:** niedergelassene Ärzte/Ärztinnen mit Zulassung der Kassenärztlichen Vereinigung (KV)
- **Ärzte mit Ermächtigung:** Krankenhausärzte/-ärztinnen mit beschränkter Erlaubnis der KV
- **Belegärzte:** Vertragsärzte mit Belegbetten im Krankenhaus
- **Kassenärztliches Versorgungsmodell** (auch Viereckmodell)

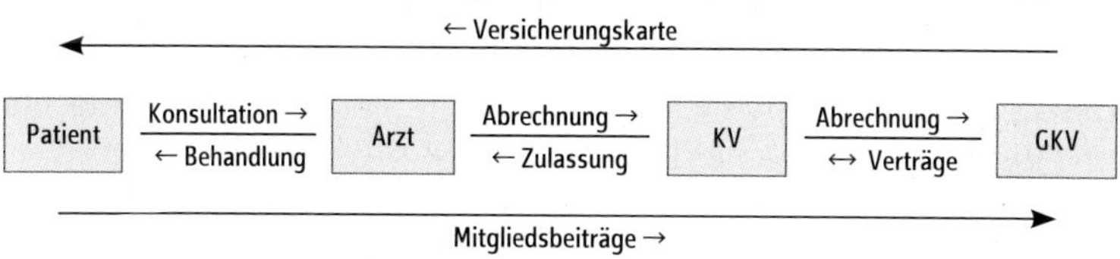

- **Ambulante Versorgung:** Arztpraxen, medizinische Versorgungszentren (MVZ)
- **Stationäre Versorgung:** Krankenhaus
- **Integrierte Versorgung:** sektoren- und fachübergreifend

1.1.3 Einheitlicher Bewertungsmaßstab (EBM)

Der EBM dient der Abrechnung (**Quartalsabrechnung**) mit gesetzlichen KVs und unterliegt einer Praxisbudgetierung. Wichtige Begriffe sind:

- Ein **Behandlungsfall** (EBM) umfasst die gesamte Behandlung eines Versicherten, die in einer Arztpraxis und in einem Quartal geleistet wird. Ein Versicherter kann nur als „zwei Behandlungsfälle" abgerechnet werden, wenn er die KV innerhalb des Quartals wechselt.

- Ein **Krankheitsfall** umschließt sowohl das aktuelle als auch die drei folgenden Quartale.
- Ein **Betriebsstättenfall** erfasst die Behandlung durch einen oder verschiedene Ärzte, aber immer in derselben Betriebsstätte (Praxis). Betrifft Ärzte mit mehreren Praxen (Haupt- und Nebenpraxis).
- Ein **Arztfall** kann greifen, wenn derselbe Patient durch einen Arzt behandelt wird, der in unterschiedlichen Arbeitsstätten tätig ist (z. B. als Vertragsarzt und als angestellter Arzt). Bezieht sich auf ein Quartal und wird mit derselben KV abgerechnet.
- **Persönlicher Arzt-Patienten-Kontakt:** Arzt/Ärztin und Patient/-in bzw. Bezugsperson müssen „face-to-face" miteinander kommunizieren. Sonstige Arzt-Patienten-Kontakte können telefonisch oder schriftlich stattfinden.
- **Sonstige Kostenträger** nach EBM: z. B. Bundeswehr, Polizei, Postbeamte A, Berechtigte nach Bundesversorgungs-, Bundesentschädigungs- oder Bundessozialhilfegesetz und Sozialversicherungsabkommen

1.2 Gebührenordnung für Ärzte (GOÄ)

Die GOÄ ist Grundlage für privatärztliche Leistungen (analog die GOZ für Zahnärzte). Sie kann angewendet werden bei:

- Versicherten privater KVs (z. B. Selbstständige, Unternehmer, Angestellte mit einem Einkommen oberhalb der Versicherungsgrenze, beihilfeberechtigte Beamte und deren Familie)
- GKV-Versicherten ohne Nachweis oder bei IGeL-Leistungen
- Bundesbahn- und Postbeamten
- Untersuchungen nach dem JArbSchG
- **Gebührenrahmen:** umspannt Einfachsatz, Schwellenwert und Höchstsatz; Einfachsatz: entspricht einem Punktwert von 0,0582873, der mit der Punktzahl der jeweiligen Leistung multipliziert wird (z. B. venöse Blutentnahme: 40 Punkte · 0,0582873 €)
- **Steigerungssatz:** Faktor, mit dem der Einfachsatz der GOÄ multipliziert werden kann (vgl. § 5 GOÄ)
- **Regelsatz:** Privatpatienten, IGeL, Patienten ohne Versicherungsnachweis, Atteste/Bescheinigungen, Bahnbeamte IV
- **Erniedrigter Satz:** Bahnbeamte I–III, JArbSchG, Privatpatienten im Basistarif, Postbeamte B, Dienstunfall bei Bahn- oder Postbeamten

- **Schwellenwert:** Bis zu diesem Multiplikator ist keine gesonderte Begründung erforderlich.
- **Höchstsatz:** Bis zu diesem Faktor kann mit Begründung (leistungsbezogen, nachvollziehbar), aber ohne Abdingung abgerechnet werden. Der Maximalsatz liegt bei PKV-Versicherten im Basistarif niedriger.
- **Kriterien/Begründungen für Steigerung:** Schwierigkeiten, Zeitaufwand, Ermessen, Umstände beim Erbringen der Leistung, Schweregrad der Krankheit (**Beispiel:** *schlechte Venenverhältnisse, erschwerte Verständigung bei Aphasie oder Fremdsprache*)
- **Abdingung:** Abrechnungen, die über dem Höchstsatz liegen, müssen gesondert und schriftlich mit Patienten vereinbart werden (Beratungsgespräch).
- **Übersicht der Schwellenwerte:**

	Regelsatz	Höchstsatz	Abdingung
persönlich-ärztliche Leistungen	1–2,3	2,4–3,5	> 3,5
medizinisch-technische Leistungen	1–2,3	1,8–2,5	> 2,5
Laborleistungen	1,15	1,3	> 1,3

- **Behandlungsfall (GOÄ)** ist die Behandlung derselben Erkrankung bis zu einem Monat nach der ersten Inanspruchnahme. Jede weitere Erkrankung ist ein separater Behandlungsfall. Zeitzählung: nicht Kalendermonat, sondern Tag der ersten Behandlung + 1 und Monat + 1 (**Beispiel:** *Erstbehandlung am 07.09., neuer Behandlungsfall beginnt am 08.10.*)

1.3 Sonstige Kostenträger

- **UV-GOÄ:** Leistungsverzeichnis zwischen der Kassenärztlichen Bundesvereinigung und den Unfallversicherungsträgern (Arbeits- und Wegeunfälle)
- **GOP:** Gebührenordnung für psychologische Psychotherapeuten/-therapeutinnen und Kinder- und Jugendpsychotherapeuten/-therapeutinnen

1.4 Privatliquidation (auch IgeL)

Die Privatrechnung muss folgende Formalien erfüllen:

- Datum der Leistungserbringung,
- Leistungsnummer der GOÄ,
- entsprechende Leistungsbeschreibung,
- den Steigerungssatz,
- Eurobetrag jeder einzelnen Position,
- ggf. bei Überschreitung des Schwellenwerts eine Begründung.
- **Abwicklung:** Die Rechnung wird an zahlungspflichtige Patienten verschickt, in der Regel binnen 30 Tagen.
- **Zahlungssäumnis:** Es können drei Mahnungen verschickt werden, Ärzte können Verzugszinsen einfordern.
- **Verjährungsfrist:** 3 Jahre, gerechnet ab dem 31.12. des Rechnungsstellungsjahres
- **Externe Abrechnung:** Institute übernehmen Rechnungsstellung und Mahnwesen im Auftrag, z. B. die PVS (Privatärztliche Verrechnungsstelle)
- **Vorteile:** Praxisentlastung, professionelle Abwicklung inkl. Zahlungskontrolle und Mahnwesen
- **Nachteile:** Kosten für die externe Stelle, Patienten müssen der Datenweitergabe zustimmen, erhalten die Rechnung über die PVS

2 Formularwesen

Vordrucke nach Bundesmantelvertrag mit GKV; bei Unfällen: für UV-Unfälle separate Vordrucke

Mustervordruck

Nummer	Inhalte
alle	**Personalienfeld** Patientenstammdaten (Übertrag KV-Karte), Arzt-Nr., ggf. Betriebsstätten-Nr., Datum
1	**AU-Bescheinigung (und ab 7. Woche auch Krankengeld)** Erst-/Folgebescheinigung Arbeitsunfall: ggf. D-Arzt-Überweisung → Beginn AU

Nummer	Inhalte
	→ Erstbescheinigung: max. drei Tage rückdatieren, nur in Ausnahmefällen → Folgebescheinigung: kann frei bleiben Feststellung: nie umdatieren, immer Datum der ärztlichen Feststellung Enddatum: Datum oder „stationäre Krankenhausbehandlung" Teil A Arbeitgeber, Teil B GKV, Teil C Versicherte, Teil D ausstellender Arzt Umstellung auf eAU: aktuell nicht flächendeckend; Stufe 1: an KV, Stufe 2: an Arbeitgeber
2	**Krankenhausbehandlung** ggf. Unfall(-folgen), Belegarzt markieren, ggf. AU-Bescheinigung; Teil A GKV, Teil B Krankenhausarzt (ggf. verschlossen), Teil C ausstellender Arzt Zuzahlung Patient/-in: 10,00 €/Tag, max. 28 Tage/Jahr
5	**Abrechnungsschein** ambulante Behandlung → ambulant/Belegarzt (ggf. zwei Abrechnungsscheine für ambulant/stationär, ggf. Zeitraum stat. Behandlung) → ggf. Unfallfeld → Leistungsfeld: Datum, Gebühren-Nr./Symbol-Nr. nach KV-Angaben
6	**Überweisungsschein** Leistungsanforderung: → **Auftragsleistung:** nur konkret angeforderte Leistungen → **Konsiliaruntersuchung:** Grund vermerken; für diagnost. Leistungen, Konsil-Arzt entscheidet welche; keine Therapie → **Mit-/Weiterbehandlung:** Begleitung und Ergänzung diagnostischer und therapeutischer Maßnahmen, auch ambulante OPs

Nummer	Inhalte
10 10A	**Labor** **Identifikationsteil:** kurativ/Prävention/Belegarzt/Unfall/Familienplanung Details zu Probe, Geschlecht, Kontrolluntersuchung bekannte Infektion: für Erregernachweis **Auftragsteil:** Diagnose (ICD) konkrete Leistungsanforderung; Laborarzt darf nur angeforderte Leistung erbringen 10A für Laborgemeinschaften
19	**Notfallvertretung** Ärztlicher Notfalldienst, Urlaubs-, Krankheitsvertretung Teil A Abrechnung KV, Teil B weiterbehandelnder Arzt, Teil C ausstellender Arzt
16 16A	**Verordnung Arznei- und Hilfsmittel** für max. drei Arznei- und Verbandmittel, Hilfsmittel; Rezepturen: nur eine, nur Vorderseite; ▶ **Bei Arzneimitteln keine Diagnose, wohl aber bei Heilmitteln** keine Brillen, Hörgeräte oder BtM-Arzneimittel (müssen auf separaten BtM-Vordruck) **Aut-idem**-Feld: nur bei medizinischen Indikationen ggf. markieren: Hilfsmittel Impfstoff ab 01.01.2022 verpflichtend als E-Rezept für Arzneimittel **Sprechstundenbedarf** (z. B. Verbandmittel, Impfstoffe, Notfallmedikamente): Feld 9, ggf. 7, 8, einmal pro Quartal **Zuzahlung** Patient/-in: → 10 %, mind. 5,00 €, max. 10,00 € → Gebührenfrei: < 18. Lj., in Zusammenhang mit Schwangerschaftsbeschwerden oder Entbindung, BG-Unfälle, Härtefälle , z. T. Vertragsmedikamente → Notdienstgebühr: 2,50 € oder „noctu“-Vermerk

Nummer	Inhalte
13	**Heilmittelverordnung** → Gültig für alle Heilmittelbereiche (z. B. Physio-, Ergo-, Ernährungstherapie, Podologie) → **Verordnungsfall:** umfasst alle Heilmittelbehandlungen mit derselben Diagnose (erste drei Stellen im ICD 10 Code) und derselben Diagnosegruppe; bleibt auch bei Änderung der Leitsymptomatik oder Einsatz von unterschiedlichen Heilmitteln; mehrere unabhängige Diagnosen sind unterschiedliche Verordnungsfälle → Neuer Verordnungsfall: nach verordnungsfreier Zeit von sechs Monaten oder Arztwechsel → **Orientierende Behandlungsmenge:** Summe der Behandlungseinheiten für angestrebtes Therapieziel; ist indikationsbezogen vorgegeben im Heilmittelkatalog; gilt nicht für Podologie und Ernährungstherapie → Bei Nichterreichen des Therapiezieles sind weitere Verordnungen über die orientierende Behandlungsmenge hinaus möglich. → Langfristiger oder besonderer Heilmittelbedarf: Verordnungen mit Behandlungsdauer von bis zu zwölf Wochen sind sofort möglich. → Orientierende Behandlungsmenge und Verordnungsfall gelten für den jeweils verordneten Arzt → Behandlungsbeginn: einheitlich 28 Tage, bei Dringlichkeit 14 Tage → Elektrotherapie, Elektrostimulation oder Ultraschall-Wärmetherapie können wie bisher auch isoliert verordnet werden (soweit im Heilmittelkatalog).

F

ARBEIT UND BERUF

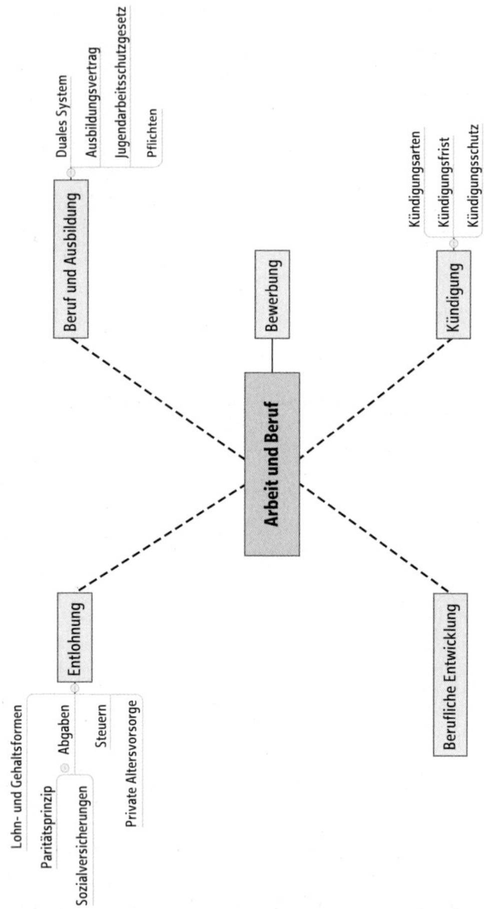

1 Berufsleben

Bewerbung	
Initiativ oder auf Anzeige	Inhalt: Anschreiben, ggf. Deckblatt, lückenloser, tabellarischer Lebenslauf, Abschluss- und Arbeitszeugnisse in Kopie
Vorstellungsgespräch	
Erlaubt: Fragen, die in direktem Zusammenhang mit der Tätigkeit stehen, z. B. Motivation, bisherige Tätigkeiten; Wahrheitspflicht	Nicht erlaubt: Fragen zu politischen Aktivitäten, Privatleben, Hobbys, früheren, ausgeheilten Krankheiten, Vermögensverhältnissen; Notlügen erlaubt
Arbeits-/Ausbildungsvertrag	
→ Tätigkeit → Ausscheiden (Kündigung, Befristung, Rente) → Arbeitszeugnis, Lohnsteuerkarte bzw. Bescheinigung (ELStAM)	

Arbeitsvertrag	
Form: mündlich (nur unbefristet, EU-Recht: Nachweispflicht) oder schriftlich	**Inhalte:** Arbeitgeber und -nehmer, Tätigkeit, Dauer und Umfang des Beschäftigungsverhältnisses, Einsatzort, Gehalt und Urlaubsanspruch bzw. Verweis auf Tarif, Kündigungsfrist, ggf. weitere Vereinbarungen

1.1 Besonderheiten Berufsausbildung

→ **Duales System** (Betrieb und Schule)

- Vorteile: Praxiserfahrung, Abwechslung, Ausbildungsvergütung
- Nachteile: begrenzte Plätze, Doppelbelastung für Auszubildende, unterschiedliche Qualität der Betriebe

→ **Ausbildungsvertrag** legt fest: Art, Aufbau, Dauer der Ausbildung, Probezeit, Vergütung, Urlaubsanspruch (ggf. Verweise auf Rahmenverträge, Ausbildungsordnung), Aufnahme in Kammerverzeichnis

- **Kündigungsbedingungen:** durch den Arbeitgeber nur in Ausnahmefällen, durch die Auszubildenden nach vier Wochen Frist oder aus besonderen Gründen fristlos
- **Jugendarbeitsschutzgesetz** (JArbSchG)
  - betrifft Jugendliche vom 15.- 18. Lebensjahr
  - Arbeitszeiten max. 8 Std./Tag und 40 Std./Woche, Schichtzeit (Arbeitszeit + Pause) max. 10 Std., ununterbrochene Freizeit von mindestens 12 Stunden, 5-Tage-Woche
  - Arbeitszeit zwischen 6 und 20 Uhr, bis 23 Uhr im Mehrschichtbetrieb
  - Ruhepause nach spätestens 4,5 Std.
  - Urlaub: bis 16. Jahren mind. 25 Werktage, von 16 bis 18. Jahren mind. 21 Werktage
  - ärztliche Eintrittsuntersuchung und Nachuntersuchung nach einem Jahr
  - keine gefährlichen Arbeiten (z. B. Chemikalien, Strahlen), Ausnahmefälle geregelt
  - keine Beschäftigung an Wochenenden, Sonn- und Feiertagen; Ausnahmen in Krankenhäusern, Alten-, Kinder- und Pflegeheimen.

1.2 Pflichten von Arbeitnehmer und Arbeitgeber

Pflichten	
Arbeitnehmer	**Arbeitgeber**
→ Arbeitspflicht (Arbeitsleistung erbringen) → Gehorsamspflicht (Arbeitsanweisungen folgen) → Sorgfaltspflicht (nach bestem Wissen und Gewissen arbeiten) → Treuepflicht → Schweigepflicht (keine Betriebsgeheimnisse weitergeben) → Wettbewerbsverbot (nicht auch für die Konkurrenz arbeiten)	→ Beschäftigungs- bzw. Ausbildungspflicht → Zahlungspflicht (Gehaltszahlung) → Fürsorgepflicht (Gesundheitsschutz, Sozialversicherungsbeiträge) → Zeugnispflicht (Arbeitszeugnis, Ausbildungszeugnis)

Pflichten	
Ausbildung zusätzlich:	
Lernpflicht, regelmäßiger Schulbesuch, Führen eines Berichtsheftes	Ausbildungsmittel, Freistellung für den Schulbesuch

1.3 Beendigung von Arbeitsverhältnissen

Allgemeine Gründe:

- **Ablauf** (Befristung), Ausbildungsende
- **Auflösung**/Aufhebungsvertrag (beiderseitiges Einverständnis)
- **Kündigung**
- **Renteneintritt** (Altersrente, Erwerbsminderungsrente)

1.3.1 Kündigung

Generell gilt, dass die Kündigung beiderseits möglich ist und schriftlich erfolgen muss.

- **Ordentliche Kündigung** (Einhaltung der Kündigungsfrist) durch den Arbeitgeber bei Vorliegen anerkannter Kündigungsgründe:
  - in der Person der/des Beschäftigten (z. B. lange Krankheit, schlechte Leistung)
  - im Verhalten der/des Beschäftigten (muss zuerst abgemahnt werden, z. B. Arbeitsverweigerung, Krankheit ohne AU-Bescheinigung)
  - betrieblicher Natur (Betriebsstilllegung, Wirtschaftslage); muss sozial gerecht sein (Ältere, Familienversorgende oder Alleinerziehende werden später gekündigt)
- **Außerordentliche Kündigung** (fristlos): bei schwerwiegenden Gründen wie z. B. Diebstahl oder sexuellen Übergriffen
- **Besonderer Kündigungsschutz:** für Auszubildende, Betriebsräte, Schwerbehinderte, Schwangere und Eltern in Elternzeit

1.3.2 Kündigungsfrist

Grundlage: Arbeitsvertrag, Tarifvertrag/Betriebsvereinbarung oder gesetzlich (BGB) Für Arbeitnehmer: einheitliche gesetzliche Mindestkündigungsfrist vier Wochen zum 15. oder zum Ende eines Kalendermonats; Für Arbeitgeber gilt Folgendes:

Gesetzliche Kündigungsfrist	
Betriebszugehörigkeit	Mindestfristen (BGB)
< 6 Monate (Probezeit)	2 Wochen
≥ 6 Monate	4 Wochen, bei Betrieben mit > 20 Arbeitnehmenden zum 15. oder Ende eines Kalendermonats

ab Betriebszugehörigkeit	Frist zum Monatsende	ab Betriebszugehörigkeit	Frist zum Monatsende
2 Jahre	1 Monat	12 Jahre	5 Monat
5 Jahre	2 Monate	15 Jahre	6 Monate
8 Jahre	3 Monate	20 Jahre	7 Monate
10 Jahre	4 Monate		

1.4 Berufliche Entwicklung

- **Fortbildung:** kurze Einheiten, z. B. Workshops zu aktuellen Abrechnungsvorgaben, Abendkurse für Fremdsprachen
- **Weiterbildung:** meist länger, mit einer beruflichen Qualifizierung, z. B. Diabetesberaterin (DDG)
- **Gründe:** Karriere (mehr Verantwortung, bessere Entlohnung), Allergien, Unzufriedenheit, neue Perspektiven (Veränderungswunsch), Arbeitslosigkeit (bessere Chance auf neuen Job)

1.5 Betriebsrat

Betriebe mit > fünf Arbeitnehmern über 16 Jahre, Amtszeit vier Jahre, im Betriebsverfassungsgesetz verankert

Mitbestimmungsrecht in sozialen Angelegenheiten (z. B. Entlohnungsfragen und -grundsätze, Betriebsordnung, Beginn und Ende der Arbeitszeit, Urlaubsgrundsätze, Einführung von Einrichtungen zur Kontrolle der Arbeitnehmer) und Personalentscheidungen wie Neueinstellungen, Versetzungen, Kündigungen.

Mitwirkungsrecht (kann Entscheidungen nicht verhindern) in wirtschaftliche Angelegenheiten, z. B. Betriebsstilllegung, -erweiterung, Rationalisierungsvorhaben.

Allgemeine Aufgaben, z. B. Überwachung der Einhaltung von Gesetzen und Tarifverträgen, Anlaufstelle für Arbeitnehmer bei Problemen am Arbeitsplatz.

2 Entlohnung

2.1 Lohnformen

Man unterscheidet Lohn (Arbeitende) und Gehalt (Angestellte).

Lohn-/Gehaltsformen

- **Zeitlohn:** Bezahlung nach Arbeitsstunden
- **Akkordlohn:** Entgelt nach Stückleistung, bes. im Produktionsbereich
- **Prämienlohn:** Zeitlohn plus Prämie, z. B. Umsatz, gute Qualität, Verbesserungsvorschläge; Gehaltsanteile in Form von Beteiligungen

2.2 Gehaltsabgaben

Bruttolohn (was der Arbeitgeber ausgibt)	Grundgehalt + Zulagen, Prämien

↓

minus Abzüge	***Beispiele:***
Steuern	*Lohn-, Kirchensteuer (kath./ev.), ggf. Solidaritätszuschlag (seit 2021 nur noch bei sehr hohen Einkommen)*
Sozialversicherungen (je zu Hälfte Arbeitgeber und Arbeitnehmer)	*Krankenversicherung 14,6 % (+ Zusatzbeitrag)* *Pflegeversicherung 3,05 % + (ggf. Kinderlosenzuschlag 0,35 % nur Arbeitnehmende)* *Rentenversicherung 18,6 %* *Arbeitslosenversicherung 2,4 %*
sonstige Abgaben	*Kantinenessen*

↓

Nettolohn (was bei der/dem Beschäftigten ankommt)	Betrag, der ausgezahlt bzw. überwiesen wird

2.2.1 Sozialversicherungen

- **Paritätsprinzip:** Arbeitgeber und Arbeitnehmende teilen sich die Beiträge; Ausnahme KV: Arbeitgeber übernimmt nur 7,3 %; Unfallversicherung zahlt ausschließlich der Arbeitgeber.

- **Private Altersvorsorge:** langfristige, sichere Geldanlagen, um Altersarmut in späteren Jahren vorzubeugen, z. T. staatlich gefördert (Riester-Verträge)

2.2.2 Steuern

Lohnsteuer (bzw. Einkommensteuer)

Die Lohnsteuer ist abhängig von der Höhe des Jahreseinkommens (Steuertarif). Ab 2022 gilt: für Ledige bis 10347 € keine Steuer, danach ein Steuersatz von 14–42 %, darüber einheitlich 42 %; ab 277.826 € dann 45 %.

Das Jahreseinkommen berechnet sich aus:

Einkünften	Ausgaben
→ nichtselbstständiger Arbeit (z. B. Lohn, Gehalt) → selbstständiger Tätigkeit (z. B. Arztpraxis) → Gewerbebetrieb (z. B. Nagelstudio) → Land- und Forstwirtschaft → Immobilienbesitz (z. B. Mieteinnahmen) → Kapitalbesitz (z. B. Zinsen) → Sonstigem (Aktienverkauf, Spekulationsgewinne)	→ Werbungskosten (für Fahrten zur Arbeit, Bewerbungskosten) → Sonderausgaben (z. B. Altersvorsorge) → Belastungen (besondere Krankheitskosten) → Freibeträge (z. B. für Kinder)

In der elektronischen **Einkommensteuererklärung** (ELSTER) werden alle Einnahmen und Ausgaben angegeben und das Finanzamt errechnet den zu zahlenden Betrag, ggf. Rück- oder Nachzahlung.

Weitere wichtige Steuern

- Direkte Steuern: Gewerbesteuer, KfZ-Steuer
- Indirekte Steuern: Mehrwertsteuer (19 %), Mineralölsteuer

Verwendung: Finanzierung der öffentlichen Verwaltung, Bildung, Forschung, Gesundheitsversorgung, Straßenbau, internationale Zahlungsverpflichtungen

G

ARBEITSPLATZ PRAXIS

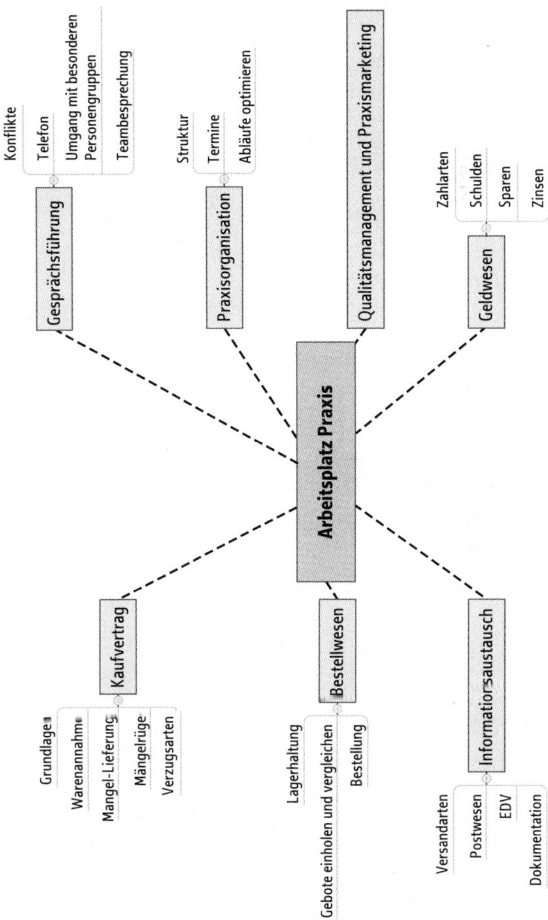

1 Gesprächsführung

1.1 Telefon

Allgemein gilt:

- Diskretion, Schweigepflicht und Freundlichkeit wahren
- klar und deutlich sprechen, keine anderen Gespräche parallel führen
- mit vollem Praxisnamen und Namen melden
- Name des Telefonpartners merken oder notieren
- ggf. wichtige Informationen (Name, Telefonnummer, Uhrzeit, Anliegen) notieren und situationsgerecht weiterleiten
- ggf. Vorbereitung (Bestellnummer, Patientenakte zurechtlegen)

Telefon- und Gesprächsnotizen:

- Basisdaten (Gesprächs- bzw. Telefonpartner, Uhrzeit)
- Thema und Inhalte in Stichpunkten
- Handlungsbedarf festlegen (Filterfunktion der MFA: Entscheidung über Dringlichkeit, Maßnahmen)
- Kontaktdaten, ggf. Rückrufnummer

1.2 Besondere Anforderungen

Patienten	Mögliche Hürden	Lösungsansätze
Kinder	Ungeduld, Angst, Unverständnis	Situation kindgerecht erklären, kurze Wartezeiten, Zuwendung, positive Atmosphäre schaffen
ältere Menschen	ggf. Einschränkungen bei Sehen, Hören, Bewegung, Gedächtnis	Zeit geben, Geduld wahren, klar und deutlich sprechen, ggf. Informationen aufschreiben
sehbehinderte Menschen	räumliche Hindernisse, Lesen	Hilfestellung leisten, Begleitung
hörbehinderte Menschen	Missverständnisse	klar und deutlich sprechen, ggf. Informationen aufschreiben

Patienten	Mögliche Hürden	Lösungsansätze
gehbehinderte Menschen	räumliche Hindernisse, Gefühl von Hilflosigkeit, Abhängigkeit	Hilfestellung leisten, „auf Augenhöhe" behandeln
geistig behinderte Menschen	Einschränkungen bei Verstehen und Ausdruck, Verhaltensauffälligkeiten, Distanzlosigkeit	Geduld, angepasste Sprache, Zuwendung
Patienten nach Schlaganfall	Halbseitenlähmung, Sprachstörungen	Hilfeleistung, Geduld
Menschen mit Sucht	Unruhe, Reizbarkeit, Unberechenbarkeit	Geduld, erhöhte Wachsamkeit

Häufige Fehler in der Gesprächsführung (Beispiel):

- Moralisieren/Vorhaltungen machen („Sie sollten aber nicht rauchen!")
- Anklagen (z. B. „Warum haben Sie nicht aufgepasst?")
- Bagatellisieren („Stellen Sie sich doch nicht so an!")
- Monologe halten, das Gegenüber nicht zu Wort kommen lassen
- Emigrieren („An Ihrer Stelle würde ich ...")

1.3 Umgang mit Konflikten

Mögliche Auslöser für Aggression und Lösungsansätze

Angst, Sorge, Unverständnis
→ Vorgänge ruhig und sachlich erklären, für ruhige Umgebung sorgen, nicht allein lassen
→ keine Floskeln, keine leeren Versprechungen oder Ursachendiskussion
→ Zuwendung (verbal und je nach Angemessenheit körperlich, z. B. Hand halten)
→ ggf. Tee oder Wasser anbieten
→ Besonderheit Panikattacken: Patienten sollen sich auf Atmung konzentrieren, ggf. in Beutel rückatmen, Arzt verständigen

Stress

- → im Team: Stressbewältigungsstrategien, gute Organisation, klare Arbeitsteilung/Zuständigkeiten, ggf. Supervision, regelmäßige Besprechungen
- → persönlich: Zeit für Hobbys nehmen, für Ausgleich sorgen, Entspannungstechniken

Unterscheidung in

- → **inneren Konflikt** (im Denken einer Person), z. B. Rollenkonflikt als berufstätige Mutter und
- → **äußeren Konflikt** (zwischenmenschlicher Konflikt, Interessenskonflikt), z. B. im Team, mit Patienten.

Grundregeln im Umgang mit Konflikten und aggressiven Patienten

- → Ruhe und Professionalität bewahren, sachlich bleiben
- → Umgangsformen wahren, höflich bleiben (keine persönlichen Beleidigungen oder Beschuldigungen)
- → Verständnis zeigen („Ich kann verstehen, dass Sie ungehalten sind ...")
- → an Verständnis appellieren („Bitte haben Sie Verständnis, dass die Termine sich durch einen Notfall verschoben haben.")
- → Abläufe erklären, Missverständnisse vermeiden/aufklären
- → Ich-Botschaften anstelle von Anklage („Ich würde mir wünschen, dass ...")
- → Lösungs-/Kompromissvorschläge finden
- → Falls es ein Fehler Ihrerseits war: dazu stehen, um Entschuldigung bitten
- → bei Eskalation: Hilfe holen, ggf. Polizei

1.4 Teambesprechungen

Zweck

Qualitätssicherung, Kommunikation, Konfliktvermeidung, Wissens-/Informationsabgleich, Gemeinsamkeit und Dokumentation von Entscheidungen

Rahmenbedingungen

regelmäßig (mind. einmal monatlich), feste Dauer, störungsfrei, für alle Mitarbeiter (Ärzte, MFA, auch Teilzeitkräfte), verbindliche Ergebnisse (Protokoll), Arbeitszeit, Gruppenregeln festlegen und einhalten

Vorbereitung

Agenda vorbereiten (Themen, Prioritäten) und vorab verteilen, Moderator/-in bestimmen, Raum vorbereiten

Durchführung

Begrüßung/Eröffnung, Agenda abarbeiten, für anliegende Aufgaben auch Verantwortlichen und Zeitrahmen festlegen, Protokoll führen, Dauer einhalten, Anwesenheitskontrolle

Nacharbeitung

Protokoll (schreiben, verteilen), Ergebniskontrolle

Häufige Fehler

keine Agenda oder Agenda wird nicht eingehalten, unklare Ziele und Zuständigkeiten, keine verbindlichen Entscheidungen, Zeitüberziehung, „Endlos-Diskussionen", Schuldzuweisungen, Chef/Cheffin dominiert, zu lange Zeitabstände, keine Protokolle

2 Praxisorganisation

2.1 Räumliche Struktur

Funktionsbereiche der Praxis:

- → öffentlicher Bereich (z. B. Anmeldung)
- → Behandlungsbereich (z. B. Untersuchungszimmer, Röntgen)
- → interner Bereich (z. B. Pausenraum, Büro)

2.2 Terminplanung

2.2.1 Formen

Terminsprechstunde/Bestellsystem: Einbestellung von Patienten mit Zeitfenster, Behandlung in der Reihenfolge der Termine

Vorteile	Nachteile
--> kurze Wartezeiten --> gleichmäßige Auslastung --> Planbarkeit Personalbedarf --> Materialvorbereitung --> geeignet für Spezialpraxen	--> ggf. langfristige Terminvergabe --> Terminbuch gewissenhaft führen --> Terminverzug durch ungeplante Ereignisse

Offene Sprechstunde: Patienten können während der Sprechzeiten ohne Anmeldung kommen

Vorteile	Nachteile
--> Behandlung in Reihenfolge der Ankunft --> wenig Planungsaufwand	--> ggf. lange Wartezeiten --> ungleichmäßige Auslastung und Arbeitszeiten

Halboffene Sprechstunde: Mischung aus Terminvergabe und offenen Zeiten

Vorteil	Nachteile
praktisch für Berufstätige	--> eingeschränkte Planbarkeit --> ggf. Leerlauf zu Bestellzeiten, Überlastung bei offenen Zeiten

2.2.2 Kriterien für Terminvergabe

- --> Vergabe nach Dringlichkeit und Art der Beschwerden
- --> Zeitfenster nach Situation (z. B. für Kinder mehr Zeit planen)
- --> Zeitpuffer (z. B. für Notfälle und akute Anliegen) einplanen
- --> Zeit für Routinetätigkeiten (z. B. Hygienearbeiten)
- --> kurze und lange Termine im Wechsel vergeben
- --> Spezialuntersuchungen bündeln (z. B. kleine OPs)
- --> Terminpatienten haben Vorrang (Ausnahme: medizinische Notfälle)

Terminvergabe – Gesprächsinhalte

Information an Patienten mit Datum, Uhrzeit, Art und ggf. ungefähre Dauer der Untersuchung, ggf. Vorbereitung (z. B. Nüchtern-Vermerk), Terminzettel mitgeben bzw. telefonisch: Termin bestätigen lassen

2.2.3 Planungsdokumentation

Planungshilfen:

- **Allgemein:** Vor- und Zunamen eintragen, Art der Behandlung, Pufferzeiten, spezielle Zeiten/Ereignisse (z. B. Urlaubszeiten), farbliche Markierung
- **Manuell** (Buch): soll übersichtlich, langfristig sein, Anzahl Spalten wie parallele Behandlungsmöglichkeiten, Bleistift
- **EDV-gestützt** (Software): Puffer oder spezielle Zeiten voreinstellen, unterschiedliche Ansichten und Ausdrucke

2.3 Praxisabläufe optimieren

- Gute **Einarbeitung**, **Stellenbeschreibung**, klare **Arbeitsteilung**: jeder kennt seine Aufgaben und Zuständigkeiten → selbstständige, zuverlässige Erledigung
- **Pläne:** tage- oder wochenweiser Einsatzplan (z. B. Zuständigkeit Patientenempfang, Assistenz, ggf. Schichten), Urlaubsplanung (max. Anzahl gleichzeitiger Abwesenheit), Vertretungsplan (für Urlaub und Krankheit)
- **Kommunikation** und Wissensaustausch: regelmäßige Teambesprechungen, Fehleranalyse
- **Prioritäten** setzen: ABC-Aufgaben, Filterfunktion (Weitergabe dringlicher Nachrichten, Telefonnotizen)
- **Zeitdiebe erkennen** und minimieren: z. B. Telefonzuständigkeit, Bündeln gleichartiger Tätigkeiten, Delegation
- **EDV-Unterstützung:** z. B. Onlinesysteme für regelmäßige Rezepte, Terminvergabe, elektronische Abwicklung (z. B. Abrechnung, Dokumentation, Archivsysteme)
- **Checklisten:** erleichtern Routinetätigkeiten, z. B. Bestellwesen, Desinfektionspläne
- **Räumliche Optimierung:** für kurze Wege sorgen, klare Aufteilung der Funktionsbereiche (Anmeldung, Wartebereich, Behandlungsbereiche)
- **Verbesserungsvorschläge** erarbeiten

2.4 Qualitätsmanagement

Gründe für ein QM-System: gesetzliche Vorgaben, Beschäftigten- und Patientenzufriedenheit, Fehlerminimierung

2.4.1 Einführung

Implementierungsphasen eines QM-Systems:

Ist-Zustand-Analyse: Schlüssel- und Kennzahlen festlegen (z. B. Wartezeiten, Patientenzahl, Mitarbeiterfluktuation)

↓

SMART-Ziele definieren: spezifisch (konkret), messbar (z. B. Anzahl Patienten), akzeptiert (Teammitglieder einbinden), realistisch (müssen erreichbar sein), terminierbar (konkreten Zeitrahmen festlegen)

↓

Stärken-Schwächen-Einschätzung (SWOT-Analyse) zum Erkennen von Erfolgspotenzialen und strategischer Geschäftsfelder (bzw. Zielgruppenbestimmung)

↓

QM-Umsetzung: konkrete Strategien und Maßnahmen entwickeln, Prioritäten festlegen, Zeit-und Geldbudgets festlegen, Zuständigkeiten regeln

↓

Erfolgskontrolle anhand der Kennzahlen und Ziele, Kosten-Nutzen-Analyse

2.4.2 QM-Handbuch

Zweck	Beschreibung, Standardisierung und Dokumentation aller Maßnahmen, Sicherung einer stabilen Qualität
Inhalt	→ **Grundlagen** und Allgemeines (z. B. Ziele, Praxisinformationen, ggf. mit Unterkapiteln, Organigrammen, Angaben zu Beschwerde- und Notfallmanagement) → **QM-Dokumente:** Arbeitsanweisungen, Musterdokumente (z. B. für Teamsitzungsprotokolle), Checklisten

2.4.3 Praxismarketing

Möglichkeiten der Patientengewinnung und -bindung:

- Spezielle **Ausrichtung** und **Zusatzangebote** (z. B. Naturheilverfahren, Gesundheitskurse)
- **Schmankerl**, z. B. besondere Parkplätze, verlängerte Sprechzeiten, Bonussysteme
- **Erscheinungsbild:**
  - Räumlichkeiten: hell, ansprechend, sauber, praktisch, Kinderecke
  - Mitarbeitende: freundlich, kompetent, gutes Arbeitsklima
  - Organisation: Corporate Identity (Einheitlichkeit, z. B. Flyer, Briefköpfe, Dienstkleidung, Praxis-Infomappe)
- Patientenbindung durch:
  - **Recall** (Automatische Erinnerung, z. B. Auffrischungsimpfung, Vor- und Nachsorge; Einverständniserklärung)
  - **Patient-Care-Calls** („Kuschelanrufe" – Erkundigen nach Wohlbefinden, nicht direkte medizinische Inhalte)
  - **Minimierung der Wartezeiten**

2.5 Begriffe aus der Arbeitswelt

- **Arbeitsklima** (Betriebsklima): beschreibt, wie die Zusammenarbeit im Team erlebt wird. Positive Einflüsse: regelmäßige Teamsitzungen, gegenseitige Akzeptanz, Anerkennung und Wertschätzung im Team und durch Vorgesetzte
- **Mobbing:** kollektives, absichtliches Schikanieren einzelner Mitarbeitenden durch Kollegen und/oder Vorgesetzte („Bossing"), z. B. gezieltes Vorenthalten von Informationen, Verbreiten von Unwahrheiten, kann zu schweren gesundheitlichen Problemen bei den Betroffenen führen; Prävention: gutes Betriebsklima und Unternehmenskultur, gegenseitige Wertschätzung und Toleranz, Intervention: Grenzen setzen, Hilfe suchen (Mobbing-Beratung, Vertrauensperson), ggf. Tagebuch führen
- **Ergonomie:** Arbeitsabläufe und Bedingungen (z. B. Licht, Lärm, Arbeitsplatz) für den Menschen optimieren, z. T. durch gesetzliche Bestimmungen (Arbeitsschutzgesetz) geregelt; Möglichkeiten: geeignete Bürostühle, rückengerechtes Arbeiten, Lärmschutz; schlechte ergonomische Bedingungen können z. B. zu Kopfschmerzen, Verspannungen, Bandscheibenvorfällen und

Langzeiterkrankungen führen; bei technischen Geräten auf Prüfsiegel achten (z. B. TÜV, GS).

--> **Work-Life-Balance:** individuelles Gleichgewicht zwischen Arbeit (belastender Stress bzw. Distress) und Freizeit; Abschaltphasen (Chillen) sind genauso wichtig wie Familien- und Freundeskreis, Unternehmungen und Sport (positiver Stress bzw. Eustress).

3 Informationsaustausch

3.1 Formen

Mündlicher Informationsaustausch	
persönlich	verbale und nonverbale Kommunikation (Gestik, Mimik), z. B. Patientenempfang
telefonisch	z. B. Terminvergabe, kurze Rückfragen, z. T. Bestellung
Schriftlicher Informationsaustausch	
Brief	Versand von Dokumenten, relativ langsam, je nach Wichtigkeit (ggf. als Einschreiben, versichert, mit Nachweis) und Umfang (Standard, Kompakt, Maxi); Sonderformen: Infobrief (z. B. Rundschreiben), Bücher- oder Warensendung (kein Begleitbrief, Post darf öffnen); E-Brief
Fax	schnelle, dokumentenechte Übermittlung, z. B. Arztbriefe, Laborbefunde
Telegramm	schnell, schriftlich, veraltet
E-Mail	schnelle Nachrichten, z. B. Angebote einholen, Newsletter
SMS/Twitter/ WhatsApp	schnell, limitierte Länge, ggf. Marketing- oder private Zwecke
Social Media	schnell, an viele Empfänger, nicht für medizinisch-vertrauliche Inhalte geeignet, vorwiegend private Nutzung, ggf. Marketingzwecke (z. B. soziale Netzwerke wie Facebook)
Warenversand	versichert (Paket: DHL bis 31,5 kg) oder unversichert (Päckchen: DHL bis 2 kg), Bedingungen variieren je nach Paketdienst (z. B. DHL, Hermes, GLS, DPD)

3.2 Informationsbeschaffung

Medien	Eigenschaften
Fachbücher	z. B. zu medizinischen Inhalten, zuverlässige Informationen, ggf. nicht auf dem neuesten Stand
Fachzeitschriften	z. B. berufsspezifische Informationen, zuverlässig, aktuell
Tageszeitung	Informationen zu Politik und Weltgeschehen, regionale Nachrichten, tagesaktuell
Internet	schnell, Informationen zu allen Themen, aber auch viele Fehlinformationen, auf Herkunft der Information achten

3.3 Postwesen

Posteingangskontrolle	
Schritte	**Inhalte**
Kontrolle bei Übergabe	z. B. auf Vollständigkeit, Beschädigung von Verpackungen
Vorsortieren	nach privat/Praxispost gesondert: Kataloge und Zeitschriften ggf. aussortieren: Werbung
Öffnen	Privatpost oder als persönlich gekennzeichnete Sendungen ungeöffnet an den Empfänger aushändigen Bezeichnung „Praxis XY“, „z. Hd.“ dürfen geöffnet werden
Entnahmekontrolle	auf Vollständigkeit prüfen, Anlagen ggf. zusammenheften
Eingangsvermerk	Datumsstempel, Namenskürzel
Sortieren, Verteilen	in Posteingangsmappe sortieren, Kataloge, Telefonbücher: alte aussortieren

Postausgang	
Schritte	**Inhalte**
Unterschriftenmappe	Sammeln aller zu unterschreibenden Dokumente
Kontrolle	auf Vollständigkeit, auf Richtigkeit der Angaben, Unterschrift, Zusatzvermerke
Sortieren	nach Sendungsarten und -formen
Frankieren	ggf. wiegen und abmessen, mit passendem Porto frankieren

Versand von Probenmaterial
→ nach Angaben des Labors über laboreigenen Transportdienst → bei Spezialanforderungen mit Postversand
Probenbehälter: stoß- und bruchsicher, fest verschlossen, flüssigkeitsdicht
Doppelte Verpackung: absorbierendes Material, Schutzhülle (Tüte, Box), Objektträger in Spezialbehälter
Karton (kein Briefumschlag), **Aufschrift:** „Diagnostische Probe" und Äskulapschlange, bei infektiösem Material oder Verdacht auf Infektiosität: nicht per Post

3.4 Dokumentation

- **Zweck:** Aufzeichnungspflicht (Berufsordnung), aktuelle Informationen, Leistungsabrechnung
- **Anforderungen:** Ordnung (einheitliches System), Schweigepflicht, Vollständigkeit, Aktualität, Lesbarkeit
- **Formen:** manuell (Akten, Karteikartensysteme, Vorteil: auch ohne PC-Zugang verfügbar), virtuell (EDV-gestützt, elektronische Akten, Vorteil: platzsparend, schneller Zugriff)

Dateneinteilung	
Stammdaten	**bewegliche Daten**
langfristig gleichbleibende Daten	kurzfristig veränderliche Daten
Personalien, Versicherungsnummer, Kasse	Beschwerden, Befunde, Laborwerte

3.4.1 Datenordnung

Prinzipien (und Kriterien)	Beispiele
alphabetisch (nach Buchstaben)	*Patientenakten*
alphanumerisch (nach Buchstaben-ZahlenKombination)	*Untersuchungsbefunde, z. B. Röntgen*
chronologisch (nach Datum)	*Schriftverkehr, Rechnungen*
sachlich (nach Inhalt, Schlagwort)	*Bestellwesen*

Ordnungsmittel: z. B. Reiter, Leisten, Farben

3.4.2 Aufbewahrungsfristen

Frist	Unterlagen
1 Jahr	AU-Bescheinigung, Überweisungen
3 Jahre	BtM-Rezepte (Teil III), BtM-Karteikarten
4 Jahre (16 Quartale)	EDV-Abrechnung KV/Sicherungskopie Quartalsabrechnung (nach IT-Richtlinie der KBV)
5 Jahre	Labor-Qualitätskontrollen
10 Jahre	**Allg. Dokumentationspflicht, z. B.** → Arztbriefe → Labor-, Sono-, EKG-Befunde, Gutachten → zytologische Befunde und Präparate → ambulante OP-Dokumentation → Patientenkarteikarten → Vertretungsscheine
	Röntgenbilder und Strahlendiagnostik (Ausnahme: BG-Verfahren 15 Jahre, Kinder und Jugendliche bis mind. zum 28. Lj.)
15 Jahre	Dokumentation Blutprodukte inkl. EDV-Daten, DMP: personenbezogene Daten
	BG-Angelegenheiten, D-Arzt, H-Arzt
30 Jahre	Strahlenbehandlungen, Daten zu Blutprodukten

Datenschutz	
Grundlage: Schweigepflicht, Bundesdatenschutzgesetz	**Inhalt:** alle Phasen der Datenverarbeitung und Anforderungen an die Sicherheit personenbezogener Daten (Datei, Karteikarte)

Datenschutz-Grundverordnung DSGVO (2018): Patienten dürfen Informationen über gespeicherte Daten verlangen und müssen nur über gesundheitsrelevante Informationen (z. B. Allergien) Auskunft geben.

3.5 IT in der Praxis

3.5.1 Hardware

Alle Teile sind zum Anfassen und folgen dem EVA-Prinzip:

- **Eingabegeräte:** Kartenlesegerät, Tastatur, Ultraschallkopf
- **Verarbeitung:** Rechnereinheit (Prozessor, CPU) eines Computers (Verarbeitung der Daten/Informationen) oder Untersuchungsgeräts
- **Ausgabegeräte:** Drucker, Bildschirm, Lautsprecher

Mobile Geräte (z. B. Tablet, Smartphone, Laptop) vereinigen das EVA-Prinzip in einem Gerät; Vorteil: klein, leicht, mobil.

3.5.2 Software

Nicht greifbare IT-Bestandteile (Programme, Apps):

- Betriebssysteme (z. B. Windows, Android, MacOS)
- Anwendersoftware: allg. Office-Programme (z. B. Textverarbeitung, Tabellenkalkulation, Präsentationsprogramme), spezielle Programme (z. B. Abrechnung, Labor)

3.5.3 Datenfluss

- **Datenspeicherung** (Informationen):
  - temporär (Arbeitsspeicher, RAM), dauerhaft (Lesespeicher, ROM)
  - lokal (Festplatte im Rechner), zentral (Server in der Praxis), im Web (Cloud, Internetserver)
  - festinstalliert oder mobil (USB-Stick, CD-Rom, DVD, Memory-Card)

→ **Datenübertragung** über:

- Datenleitungen (ISDN, DSL): schnell, störungsfrei, sicher
- Funk (WLAN, Bluetooth): kein Kabelgewirr, mobil, ungeschützte Daten können abgefragt werden

→ **Datenaustausch** und Vernetzung:

- firmenintern (Intranet, verschiedene Arbeitsplätze)
- Internetdienste (WWW, SMS, E-Mail)
- Web 2.0 (interaktives Internet, z. B. Foren, Blogs, soziale Netzwerke)
- Telematikinfrastruktur (TI): sichere Vernetzung von allen Beteiligten im Gesundheitswesen für sichere und schnelle Kommunikation; zentrales Element: elektronische Patientenakte (ePA)

4 Bestellwesen

4.1 Lagerhaltung

→ **Vorratshaltung:** so viel wie nötig, so wenig wie möglich (Kosten für Material und Lagerraum); auf Lagerungsart achten (z. B. gekühlt, dunkel)
→ **Bestands- und Bestellmenge:** abhängig von Verbrauch (Häufigkeit und Menge), Bestellmöglichkeit (Lieferant), Haltbarkeit und Lagerungsbedingungen (Platz, besondere Anforderungen)
→ **Bestandskontrolle:** regelmäßig auf Menge (Checkliste → unter Mindestbestand → Bestellung), Zustand, ggf. Verfallsdatum (Medikamente, Sterilgut), Bestandskartei erfasst auch Zu- und Abgänge, ggf. regelmäßige Inventur (Fehlmengenerfassung), Zuständigkeit festlegen
→ **Bestellung:** Lieferzeit bei Bestellung einkalkulieren; regelmäßige oder punktuelle Bestellungen

4.2 Angebot

→ **Angebot einholen:** allgemein (Broschüre, Katalog) oder speziell (bestimmtes Produkt)
→ **Inhalt:** Anfrage von gewünschter Menge, Art, ggf. Produktbeschreibung und -nummer, Liefertermin, Anfrage von Preis, Konditionen (Lieferung, Zahlung, sonstige)
→ **Verbindlichkeit:** Angebote sind (befristet) verbindlich für den Lieferanten, soweit nicht anders vermerkt.

Angebotsvergleich

quantitativ (harte Kriterien) Ziel: preisgünstig	qualitativ (weiche Kriterien) Ziel: Qualität (Ware, Lieferant)
Warenpreis Listenpreis, Verhandlungsspielraum, Angebote (z. B. saisonal), Rabatt (Menge, Barzahlung, Großkunde)	**Qualität** der Ware (Mindestanforderungen, gleichbleibende Qualität)
Lieferbedingungen Transport- und Verpackungskosten	**Lieferzeiten,** Liefermengen/-grenzen (z. B. bei Impfstoffen)
Zahlungsbedingungen → Vorkasse, Anzahlungen → bei Annahme (bar, Nachnahme) → Zahlungsfristen, ggf. Skonto (Zahlung innerhalb eines bestimmten Zeitraums) → Kreditgewährung, Ratenzahlung	**Zuverlässigkeit** des Lieferanten **Service** (Kundendienst, Garantieleistungen, Updates, Onlineservice) **Abwicklung** von Reklamationen (Beschwerdemanagement, Ansprechpartner, Hotline) sonstige Konditionen, AGB, Auflagen, Kulanz

Bei **Kaufentscheidung** beachten:

- → Vergleichbarkeit der Angebote (Menge, Güte, besonders bei Dienstleistungen: Umfang)
- → Risikostreuung (Haupt- und Ersatzlieferant)
- → nicht nur auf den reinen Preis achten, auch andere Kriterien mit einbeziehen, ggf. Gewichtung festlegen (Entscheidungsmatrix)

4.3 Bestellung

- → **Eigenschaften:** generell verbindlich, bei Rücktritt ggf. Stornokosten), besonderes Widerrufsrecht für Haustür- und Internetgeschäfte (Fernabsätze)
- → **Formen:**
  - mündlich
  - frei schriftlich: (Brief, Fax, E-Mail): Bezug auf Angebot, Angabe von Produkt (Beschreibung, ggf. Nummer), Preis,

Menge, Liefertermin, Bestätigung/Verweis von Liefer- und Zahlungsbedingungen, ggf. abweichende Liefer- oder Rechnungsanschriften vermerken
- Bestellformular (Brief, Fax, Web-Shop): vollständig ausfüllen

4.4 Kaufvertrag

4.4.1 Grundlagen

Ein Kaufvertrag kommt durch ein **Angebot** (z. B. Katalog) und dessen **Annahme** (mündlich oder schriftlich, Achtung: Telefonverträge) zustande.

→ **Kaufverträge:** oft alltäglich, vielgestaltig und verbindlich; (***Beispiel:*** *Bestellung im Katalog, Abgabe eines eBay-Gebots, Einsteigen in ein Taxi)*

→ **Lieferkosten:** in der Regel bei Käufer/-in, wenn nicht anders vereinbart

4.4.2 Warenannahme

→ Bei der **Annahme** prüfen: Verpackung (bei Beschädigung ggf. Annahme verweigern), Vollständigkeit, Begleitpapiere

→ Beim **Entpacken:** Inhalt/Ware prüfen (Zustand, Vollständigkeit), mit Lieferschein abgleichen, einsortieren, Lieferschein archivieren, ggf. beiliegende Rechnung zur Erledigung weiterleiten

4.4.3 Mangel-Lieferung

→ **Lieferung** nicht wie vereinbart (z. B. fehlerhafte Ware, falsche Ware oder Menge, schlechte Qualität oder Montage, entspricht nicht den Werbeaussagen); Haftung bei Privatkunden zwei Jahre auf Neuware, kann bei Geschäftskunden heruntergesetzt sein (Haftungsausschluss)

→ **Rechte von Käufern:** zuerst Nacherfüllung (z. B. Ersatz), dann ggf. Kaufpreisminderung oder Rücktritt vom Vertrag, evtl. zusätzlich Schadenersatz; anfallende Kosten tragen Verkäufer

→ **Herstellergarantie:** ggf. länger, wird vom Hersteller gegeben, bezieht sich auf Herstellungs-/Produktfehler

4.4.4 Mängelrüge

→ **Inhalte:**

- **Sendungsangaben:** Auftrags-/Bestellnummer, Lieferdatum, Sendungsnummer

- **Mängelbeschreibung** („Beim Entpacken und Prüfen der Ware hat sich gezeigt, dass die Ware folgende Mängel aufweist ...“): detaillierte Beschreibung der Mängel, ggf. Fotodokumentation als Anlage
- **Abhilfe verlangen** („Daher bitten wir Sie, um ...“): Wandlung (Umtausch, Rücktritt vom Kaufvertrag), Preisminderung, Ersatzlieferung, ggf. Schadenersatz
- **Frist** angeben, **Ansprechpartner** für Nachfragen
- **Grußformel, Unterschrift**

→ **Form**: DIN 5008 für Geschäftsbriefe, klar, aber höflich

4.4.5 Verzugsarten

→ **Lieferverzug:** Ware kommt nicht zum vereinbarten Liefertermin. Rechte von Käufern: Nachfrist setzen und auf Lieferung bestehen, ggf. Schadenersatz verlangen, danach Rücktritt vom Vertrag möglich und Schadenersatz

→ **Annahmeverzug:** Käufer/-in nimmt die Ware nicht ab. Rechte der Verkäufer: Klage auf Abnahme, öffentliche Versteigerung/Notverkauf, Vertragsrücktritt und jeweils Schadenersatz

→ **Zahlungsverzug:** Käufer/-in zahlt die erhaltene Ware nicht. **Außergerichtliches Mahnverfahren:** drei Mahnungen, schriftlich, ggf. mit Einschreiben und Verzugszinsen; kann gegen Kosten an eine Inkassogesellschaft abgegeben werden. Wird weiterhin nicht gezahlt, kommt es zum **gerichtlichen Mahnverfahren:** Mahnbescheid über das zuständige Amtsgericht, bei Nichtreaktion: Vollstreckungsbescheid und bei Nichtreaktion Zwangsvollstreckung

5 Geldwesen

5.1 Zahlungsarten

Zahlarten – Überblick		
bar Scheine, Münzen	**halbbar** Zahlschein, Barscheck, Nachnahme	**unbar/bargeldlos** Überweisung, Kartenzahlung, Lastschriftverfahren Onlinebezahlsysteme (z. B. PayPal)

Nachweise		
Quittungen, Kassenausdrucke	Durchschläge von Formularen	Kontoauszüge, Kreditkartenabrechnung

Scheck

- **Formen:** Barscheck (wird bar an den Einlöser ausgezahlt – Gefahr von Missbrauch) oder Verrechnungsscheck (muss vermerkt sein, wird dem Überbringer gutgeschrieben, Konto identifizierbar)
- **Gesetzliche Anforderungen:** explizite Zahlungsanweisung, „Scheck“-Bezeichnung, Geldbetrag in Zahl und Wort, Geldinstitut, Ort, Datum, Unterschrift, weitere freiwillige kaufmännische Bestandteile (z. B. Kodierzeile)
- **Gültigkeitsdauer:** Deutschland acht Tage, Europa und Mittelmeerstaaten 20 Tage, Welt 70 Tage

Konto

- **Formen:** Girokonto (Zahlungsabwicklung), Sparkonto
- **Vorteile:** bargeldlose Zahlungsabwicklung (Gehaltsgutschrift, Überweisungen, Lastschriftverfahren, Girocard)
- **Ablauf:** Volljährigkeit (oder Elternunterschrift), Antrag stellen, Identifikation (persönlich mit Ausweis oder Postident-Verfahren), Probeunterschrift, meist auch SCHUFA-Auskunft
- **Unterschiede** in Kosten und Bedingungen vergleichen: Kontoführungs-, Transaktionsgebühren, Filial- und Automatenverfügbarkeit, Zinsen (für Überziehung oder Guthaben), Sicherheit Online-/Telefonbanking

Zahlarten mit Konto

- **Überweisungen:** Zahlaufträge von Konto zu Konto
  - Standardüberweisung für einzelne Rechnungen
  - Terminüberweisung: Einzelrechnung, bestimmter Zahlungstermin
  - Dauerauftrag: regelmäßige, gleichbleibende Rechnungen (z. B. Miete)
- **Lastschriftverkehr:** Einzugsermächtigung (Erlaubnis an Empfänger, den Betrag einzuziehen) oder Abbuchungsauftrag (Erlaubnis für die Bank, den Betrag abzubuchen)

- → **Girocard/Bankkarte** (früher ec-Karte): in Geschäften nutzbar für Point of Sale mit Zahlungsgarantie für Händler (POS oder Electronic Cash, Girocard und Geheimzahl) oder Point of Sale ohne Zahlungsgarantie (POZ, Girocard und Unterschrift); Geldkarte für kleine Beträge (z. B. Fahrkarten, Girocard am Geldautomaten aufladen; Bargeldauszahlung, Kontoauszüge, Überweisungsterminals
- → **Kreditkarten:** für bargeldloses Bezahlen auch Bargeldabholung, über ein Kreditkarteninstitut, Beträge werden monatlich vom Konto abgebucht, meist weltweit einsetzbar

5.2 Schulden

Kreditformen (Darlehensformen):

- → **Dispositionskredit** (Dispokredit): Kontoüberziehung, meist bis zum 3-fachen Monatsgehalt, sehr hohe Zinsbelastung
- → **Anschaffungskredit, Konsumkredit:** nach Antrag und SCHUFA-Eintrag, oft Sicherheit oder Bürgschaft nötig, längere Laufzeit und regelmäßige Ratenrückzahlung
- → **Hypothek:** auf Immobilien, meist größere Summen, lange Laufzeit, relativ niedrige Zinsen; gesetzliche Regelungen für Kredite nach BGB, 14-tägiges Widerrufsrecht, Vertrag immer schriftlich mit allen Vereinbarungen

Bei Krediten fallen oft noch Bearbeitungs- oder sonstige Gebühren an, dadurch werden die „wahren" Kosten (**Effektivzins**) teurer als der reine Laufzeitzins (**Nominalzins**).

Privatinsolvenz: Bei nicht mehr tragbaren Schulden kann man sich an eine Schuldnerberatung wenden und Privatinsolvenz beantragen.

5.3 Sparen

Die Auswahl der besten Sparformen richtet sich nach Zweck, Ertrag, Risiko und Verfügbarkeit.

Allgemein gilt: hoher Ertrag → hohes Risiko, nicht geeignet als Vorsorge; lange Laufzeit bei planbaren, langfristigen Zielen (Immobilie, Auto).

Formen	Eigenschaften
Girokonto	+ schnell verfügbar – (fast) keine Verzinsung → für laufende Kosten
Sparbuch/-konto, Tagesgeldkonto	+ kleinere Beträge schnell verfügbar – geringe Verzinsung → für kurzfristige Anschaffungen und Reparaturen („Notgroschen“)
Festgeld, Festverzinsung	+ bessere Verzinsung, abhängig von Laufzeit – Geld nicht sofort verfügbar → für längerfristige, planbare Anschaffungen
Sparvertrag	+ VL-gefördert – gestaffelte Zinsen nach Laufzeit → langfristige Anschaffungen
Bausparvertrag	+ staatlich gefördert, günstige Darlehen für Immobilien – mehrjährig, relativ niedrige Verzinsung → für Immobilienpläne, Altersvorsorge
Aktien	+ schnelle und hohe Gewinnmöglichkeiten – hohes Verlustrisiko → ggf. in Fonds investieren (Risikoverteilung)

5.4 Zinsen

Sowohl auf Guthaben als auch auf Kredite fallen Zinsen an. Das ist der Prozentanteil (Geldbetrag), den man für den eingesetzten Betrag (Kapital) auf eine bestimmte Zeit (Anzahl Monate) zahlen muss (Kredit) oder von der Bank bekommt (Guthabenzinsen):

monatliche Zinsen bzw. tagesgenaue Zinsen:

$$\frac{\text{Kapital [€]} \cdot \text{Zinssatz [\%]} \cdot \text{Laufzeit [Monate]}}{100 \cdot 12} = \text{Zinsertrag [€]}$$

$$\frac{\text{Kapital [€]} \cdot \text{Zinssatz [\%]} \cdot \text{Laufzeit [Tage]}}{100 \cdot 360} = \text{Zinsertrag [€]}$$

H

GESETZE UND POLITIK

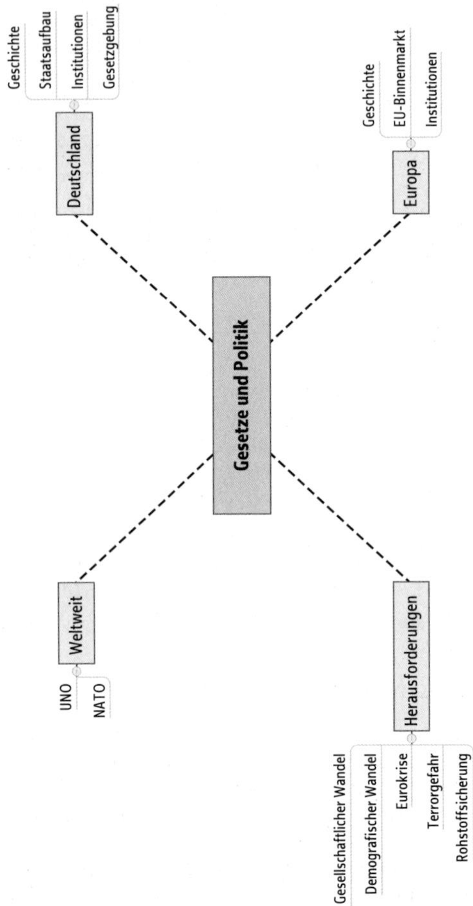

1 Deutsche Politik

1.1 Geschichtlicher Überblick

Zeitraum	Staatsform
bis 1918	Monarchie (Kaiserreich)
1919–1933	Weimarer Republik (Demokratie = Volksherrschaft)
1933–1945	Drittes Reich (NS-Zeit, Diktatur)
seit 1945	Bundesrepublik Deutschland (BRD, Demokratie)
1949–1990	parallel: Deutsche Demokratische Republik (DDR, Sozialismus), 1990 Wiedervereinigung

Kriege im 20. Jahrhundert	Zeitraum
1. Weltkrieg	1914–1918
2. Weltkrieg	1939–1945
„Kalter Krieg"	nach 1945 bis Ende der 1980er-Jahre; kein offener Kampf, aber Zeit der Aufrüstung und Abschreckung zwischen Ostblock und Westmächten

1.2 Bundesrepublik Deutschland

- → **Eigenschaften des Staates BRD:** Demokratie, Sozialstaat, Bundesstaat (Föderalismus, d. h. mehrere Bundesländer), Rechtsstaat
- → **Merkmale einer Demokratie:** Wahrung der Menschenrechte, Gewaltenteilung, Volkssouveränität (Bürger wählen), Mehrparteiensystem

1.3 Institutionen

- → **Bundestag** (Parlament): besteht aus den gewählten Volksvertretern (Parlamentarier, MdB) entsprechend den Wahlverhältnissen; Legislaturperiode (Wahlperiode): vier Jahre; Sitze: 598 (plus Überhangmandate); Aufgaben: Kanzlerwahl, Gesetzgebung, Kontrolle der Regierung
- → **Kanzler/-in:** wird vom Parlament gewählt, jeweils für vier Jahre, kann unbegrenzt wiedergewählt werden; Aufgaben: legt die Richtlinien der Politik fest, leitet das Kabinett, wählt

Minister/-innen aus, im Kriegsfall: Oberbefehlshaber/-in; Fazit: der starke Mann bzw. die starke Frau im Staat

- → **Bundespräsident/-in:** wird von der Bundesversammlung gewählt, jeweils für fünf Jahre, kann einmal wiedergewählt werden; Aufgaben: Staatsoberhaupt, Ernennungs- und Entlassungszeremonie für Minister/-innen, Ernennung von Bundesrichtern und -richterinnen, Hauptaufgabe: Repräsentation der BRD; Fazit: wenig politische Macht
- → **Bundesrat:** Vertreterschaft der Landesregierungen, muss bei bestimmten Gesetzen zustimmen
- → **Staatsaufbau:**

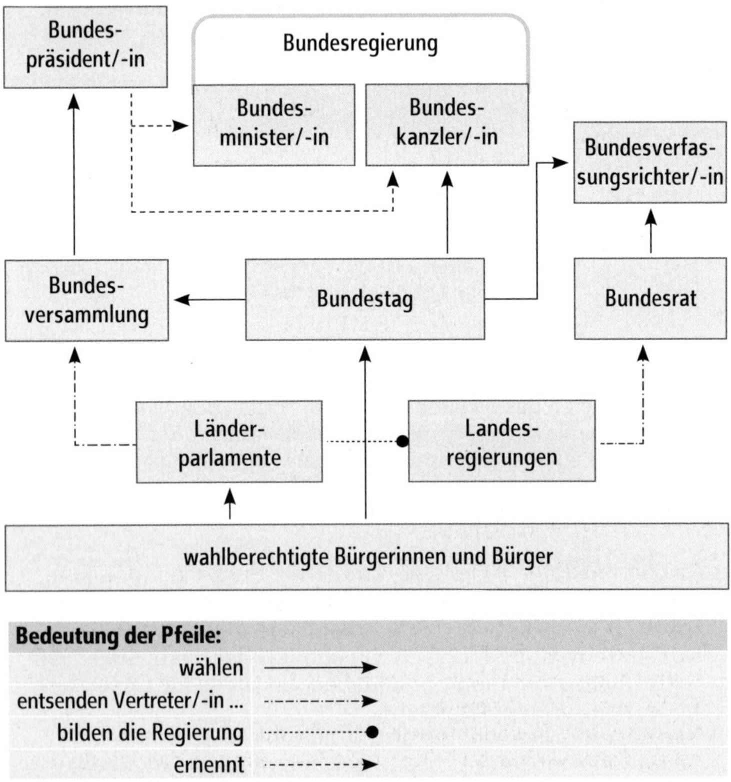

1.4 Gesetzgebung

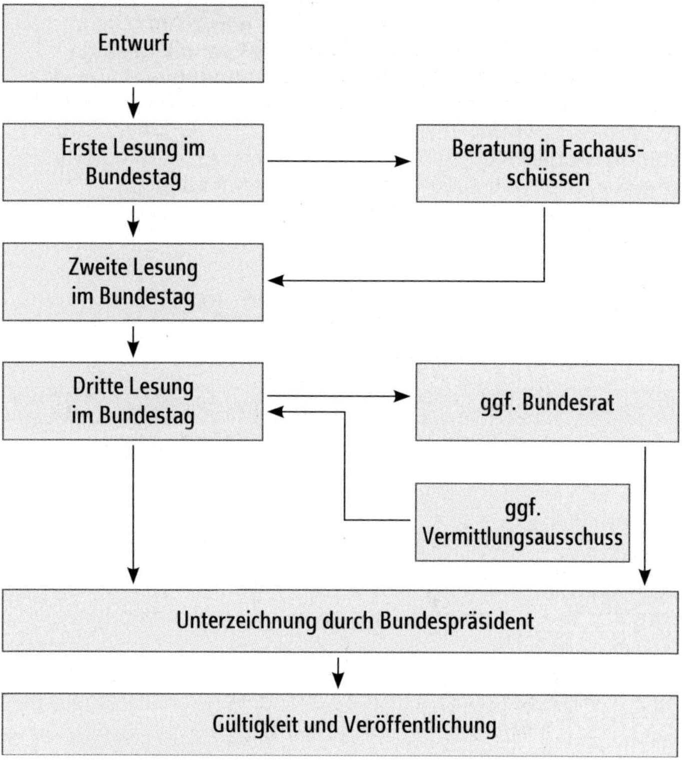

1.5 Häufige Begriffe

- **Gewaltenteilung:** Unabhängigkeit von Gesetzgebungsgewalt (Legislative, im Parlament), Ausführungsgewalt (Exekutive, bei Beamten, z. B. Polizei), Rechtsprechung (Judikative, bei den einzelnen Gerichten)
- **Verfassung:** regelt den Staatsaufbau, in Deutschland heißt die Verfassung Grundgesetz
- **Grundrechte:** Freiheitsrechte (z. B. Meinungsfreiheit, Berufswahl), Persönlichkeitsrechte (z. B. Menschenwürde, Schutz des Lebens, Briefgeheimnis), Gleichheitsrechte (z. B. gleiches Wahlrecht für Männer und Frauen)

- **Wahlen:** Wahlen der Volksvertreter finden in bestimmten Zeitabständen und auf verschiedenen Ebenen statt (z. B. Kommunal-, Landes-, Bundes- und EU-Ebene).
- **Repräsentationsprinzip: Mehrheitswahl** (wer die meisten Stimmen hat, bekommt das Mandat, die anderen gehen leer aus) oder **Verhältniswahl** (die Mandate werden entsprechend den Wahlprozenten errechnet)
- **Kabinett:** Regierung aus Kanzler und Ministern der Regierungspartei (bei mehr als einer Regierungspartei: Koalition)
- **Opposition:** Parteien, die nicht die Regierung stellen

2 Europapolitik

2.1 Geschichtlicher Überblick

Zeitskala	Entwicklung
09.05.1950	Gedankenfassung, 9. Mai Europatag
1950er 1951 Montanunion 1957 EURATOM, EWG	Vorläufer mit sechs Gründungsmitgliedern (Deutschland, Frankreich, Luxemburg, Belgien, Niederlande und Italien)
1967	Zusammenschluss EG
1973	Beitritte Dänemark, Irland, Großbritannien
1980er	Beitritte Griechenland, Spanien, Portugal
1990er	Beitritte Österreich, Finnland, Schweden Vertrag von Maastricht (Binnenmarkt, gemeinsame Außen- und Wirtschaftspolitik, Zusammenarbeit Justiz)
1999–2002	Einführung des Euro; 2002 auch als Bargeld
2004	Beitritte Estland, Lettland, Litauen, Malta, Polen, Slowakei, Slowenien, Tschechien, Ungarn, Zypern
2007	Beitritte Bulgarien, Rumänien

Zeitskala	Entwicklung
2013	Beitritt Kroatien Beitrittskandidaten Island, Mazedonien, Türkei, Montenegro, Serbien
2020	Austritt von Großbritannien („Brexit“)

2.2 EU-Binnenmarkt

- **Bedeutung:** Wegfall von Hindernissen und Kontrollen bei Handel, Reisen, Geldgeschäften und Dienstleistungen
- **Vorteile:** freies Reisen, Arbeitsmöglichkeiten in ganz Europa, mehr Auswahl an Produkten, Expansion für Unternehmen, günstigere Preise durch mehr Konkurrenz
- **Nachteile:** Möglichkeiten für Schmuggel und Verbrechen, Abbau von Sozialleistungen und Arbeitsplätzen, Lohndumping, mindere Qualität von Produkten, Schwierigkeiten für kleine Unternehmen

2.3 Institutionen

- **Europäische Kommission:** bereitet Gesetzesentwürfe auf EU-Ebene vor; 27 (2021) Mitglieder für jeweilige Zustandsbereiche, z. B. für Energiefragen
- **EU-Parlament:** Sitz in Straßburg und Brüssel; Funktion: Gesetzgebung, Kontrolle von Rat und Kommission, Legislaturperiode fünf Jahre, Direktwahl
- **Europäischer Gerichtshof:** Sitz in Luxemburg, oberste rechtsprechende Instanz; bearbeitet Klagen von Staaten und Einzelpersonen

3 Weltpolitik

Vereinte Nationen (UNO)

- **Sitz** in New York, gegründet 1945, weltweit tätig
- **Aufgaben/Ziele:** Frieden wahren, Streit schlichten, Blauhelm-Einsätze
- **Mitgliedstaaten:** 193

- **Organe:** Generalversammlung, Sicherheitsrat (kann Sanktionen verhängen), Internationaler Gerichtshof (Sitz: Den Haag)
  - **Generalsekretär** (Verwaltungschef): António Guterres
  - **Nebenorganisationen:** z. B. UNICEF (Kinderhilfswerk)
  - **Sonderorganisationen:** WHO (Weltgesundheitsorganisation, Gesundheitsprogramme und Seuchenkontrolle), Weltbank und IWF (Internationaler Währungsfond, Weltwirtschaft und Kreditvergabe)

NATO (North Atlantic Treaty Organization)

- **Sitz** in Brüssel, gegründet 1949, Wirkungskreis ursprünglich Nordamerika und West-Europa, jetzt weltweit
- **Aufgaben:** ursprünglich Verteidigungsbündnis, jetzt Wahrung der Menschenrechte, Friedensförderung, Schutz vor Terror und Sicherung der Rohstoffversorgung
- **Mitglieder** ursprünglich zwölf, derzeit 30, darunter auch osteuropäische Staaten
- Beitrittskandidaten: Finnland, Schweden

4 Herausforderungen des 21. Jahrhunderts

4.1 Nationale Ebene

- Demografischer Wandel (immer mehr Ältere → mehr Rentner, weniger Einzahler; längere Lebenserwartung → höhere Ausgaben im Gesundheitswesen)
- Gesellschaftlicher Wandel (Migration, zunehmende Anzahl von Kleinfamilien und Single-Haushalten, „elektronische Welt“), Flüchtlingskrise
- Wirtschaft: Sicherung des Wirtschaftsstandortes Deutschland (Konkurrenz zu Billiglohnländern, Arbeitsbedingungen, Globalisierung)

4.2 Internationale Ebene

- Eurokrise (Überschuldung einiger Euroländer, Gefahr von Inflation, Belastungen für den Steuerzahler, steigende Migrationszahlen)

- Unruhen in der arabischen Welt (Arabischer Frühling, Erstarkung von islamistischen Gruppierungen, Bürgerkrieg in Syrien)
- Terrorgefahr (Terroranschläge im Inland und weltweit, Nato- und Blauhelm-Einsätze)
- Rohstoffsicherung (Energieverteuerung, knapp werdende Erdölreserven, Klimaveränderungen mit großen Zerstörungen, entsprechende wirtschaftliche Folgen und Ernteausfälle)
- Cybersicherheit
- Klimawandel
- Corona-Pandemie (ab März 2020) mit weltweiten Lockdowns und Einschränkungen der Grundrechte zur Pandemiebekämpfung
- Krieg in der Ukraine und dessen Auswirkungen

Bildquellenverzeichnis

Brauner, Angelika, Hohenpeißenberg: 14.1, 26.1, 27.1, 37.1, 40.1, 41.1, 41.2, 41.3, 42.1, 42.2, 93.1.

Di Gaspare, Michele (Bild und Technik Agentur für technische Grafik und Visualisierung), Bergheim: 24.1, 24.2, 24.3, 25.1, 25.2, 25.3, 25.4, 25.5, 25.6.

iStockphoto.com, Calgary: skynesher Titel.

Mair, Jörg, München: 44.1, 46.1, 57.1, 58.1, 58.2, 63.1, 65.1, 65.2.

stock.adobe.com, Dublin: deagreez 1.1; nsdpower 1.2.

Sachwortverzeichnis

A
Abdingung 103
Abrechnungsschein 105
Absorptionsfotometrie 86
Abstoßungsphase 68
Abstrich 87
ACTH 32
Addis-Count 63
ADH 32
Aggression 117
AIDS 36
Akkordlohn 113
aktive Impfung 76
allgemeine Dokumentationspflicht 127
Amniozentese 70
anaphylaktische Reaktion 73
Angebot 129
Angebotsvergleich 130
Annahmeverzug 132
Arbeitsklima 123
Arbeitsschutz 78
Arbeitsvertrag 109
Arterien 38
Arteriosklerose 43
Arthrose 16
Arzneimittel 92
Ärztekammer 97
Arztfall 102
Asthmaanfall 44, 72
Atemluft 43
AU-Bescheinigung 104
Aufbewahrungsfristen 127
Aufhebungsvertrag 111
Aufklärungspflicht 98
Auge 30
Ausbildungsvertrag 109
Außenohr 29
Aut-idem-Feld 106
Autoklav 81
Axon 26

B
Ballaststoffe 52
Bandscheibenvorfall 19
Bartholinische Drüsen 65
Bauchspeicheldrüse 33, 46, 50
Bausparvertrag 135
Behandlungsfall 101, 103
Belastungs-EKG 41
Belastungsgrenze 101
Berufsausbildung 109
Bestellsystem 120
Bestellung 130
Bestellwesen 129
Betriebsstättenfall 102
Bewerbung 109
BG-Regeln 78
blinder Fleck 30
Blutausstrich 35
Blutdruckmessung 39
Blutungen 74
BRD 137
Brustselbstuntersuchung 66
Bundespräsident 138
Bundesrat 138
Bundestag 137
BZgA 96

C
Checkliste 72
Check-up 35 75
chirurgische HD 81
Chronikerregel 67
Chroniker-Richtlinie 67
Computertomografie (CT) 20
Cushing-Syndrom 33

D
Datenaustausch 129
Datenspeicherung 128
Datenübertragung 129
Defibrillator 72
Degeneration 16
Demenz 28
demografischer Wandel 142
Demokratie 137
Desinfektion 80
Desinfektionslösungen 80
Desinfektionsmittel 79
Desinfektionsplan 79
deutsche Politik 137
DGE 55
Diabetes insipidus 33
Diabetes mellitus 33, 56
Dialyse 60
Differenzialblutbild 35
Dilutor 87
Diphtherie 82
Dispenser 87
Dispositionskredit 134
DMP 56
Dokumentationspflicht 98
Dreimonatsspritze 69

Duales System 109
Duodenum 47
Dyspnoe 45
Dysurie 59

E

ec-Karte 134
Effektivzins 134
Eierstöcke 65
Eileiter 65
Einheitlicher Bewertungsmaßstab (EBM) 101
Einkommensteuer 114
Einkommensteuererklärung 114
Eisprung 69
Eiweiße 52
EKG 40
Eklampsie 70
Ekzem 31
Elektrolyte 54
elektronische Gesundheitskarte (eGK) 100
Elektrotherapie 20
E-Mail 124
Embryo 69
Endoskopie 51
Enteritis 82
Entzündungen 16
EPH-Gestose 70
ERCP 51
Ergonomie 123
Ermessensleistungen 101
Ernährungspyramide 55
Ersatzkassen 100
Erythrozyten 34
Erythrozytenzählung 85
ESWL 60
EU-Binnenmarkt 141
EU-Parlament 141
Eurokrise 142
Europäische Kommission 141
Europäischer Gerichtshof 141
Europapolitik 140
EX-Pipetten 86
Extrauteringravidität 70
Extremitäten 18

F

Fax 124
Fehlgeburt 70
Femur 18
Fette 53
fettlösliche Vitamine 54
Fortbildung 112
Fotometer 86
Fötus 69
Fraktur 19
Frühgeburt 70
FSH 32
FSME 82
Funktionsbereiche der Praxis 119

G

Ganzkörperstatus 17
Gastro-Duodenoskopie 51
Gebärmutter 65
Gebührenordnung für Ärzte (GOÄ) 102
Gebührenrahmen 102
Geburtstermin 70
Gehaltsabgaben 113
Gehirn 26
Gehirnerschütterung 29
Gelbkörper 69
Geldwesen 132
Gemeinschaftspraxis 96
Geschlechtsdrüsen 64
gesellschaftlicher Wandel 142
Gesetzgebung 139
gesetzliche Kündigungsfrist 112
Gesprächsführung 116
Gesundheitsamt 81
Gesundheitsfonds 100
Gewaltenteilung 139
Gewebeprobe 87
Gicht 57
Girocard/Bankkarte 134
GKV 97
Globalisierung 142
Glomerulonephritis 59
GOP 103
Granulozyten 34
Grauer Star 30
Grippe 82
Grundimmunisierung 76
Grundrechte 139

Grüner Star 30
gynäkologische Untersuchung 67

H
Hämatokrit 34
Hämaturie 60
Hämoccult® 67
Hämoglobin 34
Händedesinfektion 81
Hardware 128
Harnwegsinfekt 59
Hayemsche Lösung 83
Hb 34
HbA1c 56
HCG-Test 63
Heilmittel 92
Hepatitis 48
Herzautonomie 39
Herz-Lungen-Wiederbelebung 73
Hilfsmittel 92
Hirnhäute 27
Hirnnerven 27
Hirnstamm 27
HIV 36
HLW-Maßnahmen 73
Hoden 63
HPV 67
Humerus 18
Hygieneplan 79
hygienische HD 81
Hyperthyreose 33
Hypoglykämie 74
Hypothyreose 33

I
IGeL 102
IGeL-Angebote 76
Ileum 47
Impfpass 77
Infektionskrankheiten 81
Infektionsschutzgesetz (IfSG) 79
Informationsaustausch 124
Informationsbeschaffung 125
Inkubationszeit 82
Innenohr 29
IN-Pipetten 86
Instrumente 24
intramuskulär 94
Intrinsic Factor 47
Iontophorese 20

J
JArbSchG 102
Jejunum 47
Jugendarbeitsschutzgesetzuntersuchungen 71

K
Kabinett 140
Kanzler 137
kapillare Blutentnahme 88
Kapillaren 38
kassenärztliche Vereinigung 97
Kaufentscheidung 130
Kaufvertrag 131
kindliche Entwicklung 71
Kitzler 65
Kleinhirn 27
Klimakterium 68
Klimaveränderungen 143
Kohlenhydrate 52
Kolbenhubpipetten 87
kolorektales Karzinom 50
Koloskopie 51
Kompressionsverband 24
Kondensor 85
Kondome 69
Konsumkredit 134
Konto 133
Kontraindikation 92
Koplik-Flecken 82
Krampfanfall 28, 74
Krankenhausbehandlung 105
Krankheiten 34
Krankheitsfall 102
Kreditkarten 134
Kündigung 111
Kündigungsbedingungen 110
Kurzsichtigkeit 30
Kyphose 17

L
Labien 65
Lagerhaltung 129
Lastschriftverkehr 133
Leberzellkarzinom 49
Leberzirrhose 50
Leukozyten 34
LH 32
Lieferverzug 132
Lipide 53
Liquor 87
Lohnformen 113
Lohnsteuer 114
Lordose 17
Lues (Syphilis) 82
Luftnot 73

Lungenfunktionstest 45
Lymphozyten 34

M
Magen 47
Mahnverfahren 132
Makronährstoffe 52
Mamma 65
Mammografie 66
Mangel-Lieferung 131
Mängelrüge 131
Masern 82
Medizinprodukte 80
Mehrheitswahl 140
Menarche 68
Menopause 68
metabolisches Syndrom 57
Metastasen 66
Micral-Test 63
Migration 142
Mikroskop 85
Mikroskopierregeln 85
Mineralstoffe 53
Minipille 69
Mischpipetten 86
Mittelohr 29
Mittelohrentzündung 29
Mittelstrahlurin 60
Mobbing 123
Monozyten 34
MSH 32
Multiple Sklerose 28
Muttermund 67
Mutterschaftsvorsorge 70

N
Nachholimpfungen 77
Nackentransparenz 70
NATO 143
Nävusentfernung 31
Nebenhoden 64
Nephrolithiasis 60
Neubauer-Zählkammer 85
Neuropathien 29
Nierenbeckenentzündung 59
Niereninsuffizienz 59
Nierenstein 60
Nitrit 59
Nominalzins 134
Notfallausrüstung 72
Notfallmanagement 72
Notfallvertretung 106

O
Objektträger 85
Oligurie 60
Ölimmersion 85
Opposition 140
optischer Apparat 30
oraler Glukosetoleranztest 56
Ösophagus 47
Ösophagusvarizenblutung 50
Osteoporose 19
Östrogen 69
Ovarien 65
Oxytocin 32, 70

P
Pankreatitis 50
Pap-Abstrich 67
Paritätsprinzip 113
Parkinson-Erkrankung 28
passive Impfung 76
Patient-Care-Calls 123
Patientengewinnung 123
Peak-Flow-Meter 45
Penis 63
PEP 37
Pepsin 47
persönlicher Arzt-Patienten-Kontakt 102
Pflichtleistungen 100
Pharmakologie 92
Pharynx 47
Phlebothrombose 43
Phototherapie 21
Planungshilfen 121
Plasma 87
Plasmagewinnung 90
Polio 82
Pollakisurie 59
Polyurie 60
Postexpositionsprophylaxe 37
Postwesen 125
Präanalytik 87
Prämienlohn 113
Pränataldiagnostik 70
Praxisabläufe 121
Praxisbedarf 78
Praxisgemeinschaft 96
Praxishygiene 79
Praxismüll 78
Praxisorganisation 119
primäre Prävention 75
primäre Wundversorgung 22
Primärkassen 100
private Altersvorsorge 114
Privatinsolvenz 134
Privatliquidation 104
Privatrechnung 104

Probenbeschriftung 83
Progesteron 69
Prolaktin 32
Proliferationsphase 68
Prostata 64
Prostatatumor 64
Proteine 52
PSA-Bestimmung 64
Pulsmessung 39
Punktat 87
Pyleonephritis 59

Q
QM-Handbuch 122
QM-System 122
qualitative Bestimmungen 83
Qualitätsmanagement 122
Qualitätssicherung 83
quantitative Messungen 83
Quartalsabrechnung 101

R
Reanimation 73
Recall 123
Reflexionsfotometrie 86
Reflotron 86
Regelsatz 102
Reisehepatitis 48
Reizstrom 20
Rettungskette 72
Rh-Antikörper 71
Riechnerv 29
RKI 96
RKI-Richtlinie 80
Röntgen 20
Röteln 82
Rückenmark 27

S
Sammelurin 60
Scheck 133
Scheide 66
Schlaganfall 28
Schock 73
Schulden 134
Schuppenflechte 31
Schutzimpfungen 76
Schutzkleidung 80
Schwangerschaft 69
Schwangerschaftsdiabetes 70
Schweigepflicht 98
Schwellenwert 103
Sekretionsphase 68
sekundäre Prävention 75
Selbstbestimmungsaufklärung 98
semiquantitative Messungen 83
Serum 87
Serumgewinnung 89
Sinusitis 44
Skrotum 63
Social Media 124
Software 128
Solidaritätsprinzip 100
Sonografie 51
sonstige Kostenträger 102
Sozialversicherungen 113
Sparen 134
Sparformen 134
Spirale (IUP) 69
Sprechstundenbedarf 92, 106
Spurenelemente 53
Sputum 87
stabile Seitenlage 73
Stammdaten 126
Steigerungssatz 102
Sterilisation 69
Steuern 114
STH 32
STIKO 96
Stresshormone 32
Stromunfall 74
Stuhltest auf okkultes Blut 50
Stützverband 24
subkutan 94
Synapsen 26

T
T3 32
T4 32
Teambesprechungen 118
Telefon- und Gesprächsnotizen 116
Terminplanung 120
Terminsprechstunde 120
Terminvergabe 120
Terrorgefahr 143
tertiäre Prävention 75
Tetagam® 77
Tetanol® 77
therapeutische Aufklärung 98
Thorax 18
Thrombozyten 34
Tibia 18
Tinnitus 29
Tollwut 82
Triple-Test 70
Trockenchemie 86
TSH 32
Tuben 65
Tuberkulose 82

U

U1–U10 71
Überweisungsschein 105
Ulbricht-Kugel 86
Ulna 18
Ultraschall 51
Umgang mit Konflikten 118
Umweltschutz 78
Urämie 60
Urin 59
Urinkultur 63
Urinsediment 61
Urinstatus 59, 60
Uterus 65
UV-GOÄ 103

V

Vagina 66
VAH 79
Venen 38
venöse Blutentnahme 88
Verätzungen 74
Verbrennungen 74
Vereinte Nationen (UNO) 141
Verfassung 139
Vergiftung 74
Verordnung Arznei- und Hilfsmittel 106
Versand von Probenmaterial 126
Versicherungsnachweis 100
Verzugsarten 132
Vollblut 87
Vorstellungsgespräch 109

W

Wahlen 140
Warenannahme 131
Warenversand 124
Wärmetherapie 20
wasserlösliche Vitamine 54
weibliche Brust 65
weiblicher Zyklus 67
Weiterbildung 112
Weitsichtigkeit 30
Wirbelsäule 17
Wochenbettdepression 70
Wochenbettfieber 70
Work-Life-Balance 124
Wundheilungsphasen 22

Z

Zahlarten mit Konto 133
Zahlungsarten 132
Zahlungsverzug 132
Zeitlohn 113
Zentrifuge 85
Zervixkarzinom 67
Zinsen 135
Zustandekommen 97
Zuzahlungen 101
Zwölffingerdarm 47
Zyanose 45
Zylinder 62